VICTOR THIÉRY

APRÈS LA DÉFAITE

SOUVENIRS & IMPRESSIONS

D'UN PRISONNIER DE GUERRE EN ALLEMAGNE

AU GÉNÉRAL RAOULT
TUÉ A FRŒSCHWILLER

« N'ayant jamais eu l'ombre d'une
« protection, je mets ce livre sous
« la protection d'une ombre! »

V. THIÉRY.

PARIS

BIBLIOTHÈQUE DES DEUX-MONDES

FRINZINE, KLEIN ET Cⁱᵉ, ÉDITEURS

1, RUE BONAPARTE, 1

1884

TOUS DROITS RÉSERVÉS

DÉPÔT LÉGAL
1884

APRÈS LA DÉFAITE

OUVRAGES DU MÊME AUTEUR

EN PRÉPARATION

VICTOR THIÉRY

APRÈS LA DÉFAITE

SOUVENIRS & IMPRESSIONS

D'UN PRISONNIER DE GUERRE EN ALLEMAGNE

AU GÉNÉRAL RAOULT
TUÉ A FRŒSCHWILLER

« N'ayant jamais eu l'ombre d'une
« protection, je mets ce livre sous
« la protection d'une ombre! »

V. THIÉRY.

PARIS

BIBLIOTHÈQUE DES DEUX-MONDES

FRINZINE, KLEIN ET Cᵉ, ÉDITEURS

I, RUE BONAPARTE, I

1884

TOUS DROITS RÉSERVÉS

PREMIÈRE PARTIE

ALLEMAGNE !

AU GÉNÉRAL RAOULT

Tombé à Frœschwiller.

*N'ayant jamais eu l'ombre d'une
protection, je mets ce livre sous
la protection d'une ombre.*

V. T.

I

Maïnz, 8 septembre 1870.

Les Français vaincus et prisonniers, à la nation allemande, la nation hospitalière, la terre des grands penseurs, la patrie de Gœthe !

Nous avons combattu vaillamment à Frœschwiller ; mais notre épée a été brisée.

Avec les tronçons nous avons lutté encore à Sedan.

Mal conduits, épuisés de fatigues et de misères, nous avons subi le plus grand désastre dont l'histoire ait jamais parlé.

Écrasés sous le nombre toujours croissant de soldats braves comme nous et mieux disciplinés que nous, foudroyés par de puissantes machines, cernés par les combinaisons savantes des généraux ennemis, nous avons été livrés comme un vil troupeau.

Voilà maintenant que nous sommes réduits en esclavage : nos femmes et nos enfants pleureront sur la captivité des guerriers jadis victorieux !

Que la nation allemande fasse entendre enfin sa voix chrétienne et crie : « Assez de sang versé ! »

Qu'elle ose aussi dire au roi Guillaume : « Sire, ne tentez pas Dieu ! Napoléon III, dans sa défaite, est renié par la France : ne vous exposez pas, dans votre victoire, à être renié par l'Allemagne. Soyez généreux, vous resterez grand. »

Comme beaucoup d'entre vous, penseurs allemands, j'avais cru à la fusion européenne ; j'avais cru à la confédération des peuples civilisés, unis par les intérêts et les idées, grâce aux chemins de fer et aux télégraphes, que je considérais comme des moyens providentiels.

Dieu semble avoir décrété que nous n'obtiendrons ces résultats qu'à la suite de nouvelles guerres, plus longues et plus acharnées qu'aux époques les plus barbares !

Il faut se soumettre à la volonté de Dieu ! Du reste, les vainqueurs d'aujourd'hui peuvent être les vaincus de demain.

Pour moi, si je ne puis plus combattre, j'écrirai.

Mon père avait ceint mes reins de son épée, suspendue à notre foyer depuis Waterloo.

Comme lui j'ai servi la patrie avec ardeur ; je l'ai servie aux jours brillants de la Crimée comme aux jours néfastes de Frœschwiller.

Songez, Allemands, combien la fortune est changeante : il y a précisément aujourd'hui quinze années que nous prenions Sébastopol !

Comme mon père a succombé, je succombe !

Je suis votre prisonnier sans condition.

Je ne vous demande qu'une grâce, c'est de me laisser ma plume et de permettre que le captif cultive librement la philosophie et la poésie que vous honorez et que vous aimez.

Vous êtes les maîtres de mon corps, mais n'enchaînez pas mon âme.

Les muses sont propices à l'exilé et le consolent : nous en avons sous les yeux de grands et de nombreux exemples.

Avaient-ils tort ces hommes illustres, poètes aimés, graves historiens, grands capitaines qui, dans leur exil, nous prédisaient la ruine et le deuil ?

Les irréfléchis et les insouciants, les repus et les gens de mauvaise foi les blâmaient et les injuriaient ; mais les exilés restaient fermes dans leurs convictions acquises et dans leur indignation légitime.

Aujourd'hui — mais il n'est plus temps — chacun reconnaît qu'ils avaient raison.

Non pas que la lumière de leur génie

ait éclairé les aveugles et les incapables : mais les aveugles et les incapables crient parce qu'ils souffrent.

Or maintenant que le canon se taise.

Écoutons sonner à tous les temples l'heure de la fraternité humaine.

Écoutons ! Écoutons ! Demain il serait trop tard !

A vous autant qu'à nous il importe d'être attentifs.

Que l'Allemagne, intelligente autant que généreuse, soit la première à faire entendre les bonnes paroles.

Et l'Allemagne sera digne d'elle-même.

II

Wiesbaden, 14 septembre.

Telles sont les pensées que m'inspirait notre situation, lorsque nous arrivâmes en prisonniers à Maïnz (Mayence) le 8 de ce mois, au nombre d'environ cent trente officiers.

J'ai voulu reproduire ici textuellement ce que j'écrivis d'inspiration sur mon carnet, en touchant le sol de l'Allemagne : ce livre ouvert est un cœur mis à nu.

Nous venions de faire un voyage très pénible de Vrigne-aux-Bois à Pont-à-Mousson, où l'on nous avait embarqués sur le chemin de fer.

1.

Presque tous nous avions été pris isolément le 1ᵉʳ septembre, sur le champ de bataille, à la suite des circonstances diverses qui se présentent à la guerre ; aucun de nous, par conséquent, n'était compris dans la capitulation, qui fut signée seulement le 2.

Nous avions dû voyager, pendant sept jours, sur de lourdes charrettes où l'on avait disposé quelques bottes de paille. Le temps avait été en général horrible et notre nourriture bornée à peu près au pain et à l'eau. Nous dormions peu et toujours sur la paille. En outre nous étions escortés par des cavaliers qui nous surveillaient le pistolet au poing et par des fantassins qui nous gardaient. corps pour corps, le fusil chargé et armé, *en quelque endroit* que ce fût.

Les populations des villages nous regardaient passer avec stupeur : les femmes pleuraient.

On nous donnait, sur la route, des morceaux de pain que nous saisissions avidement, car il fallait vivre : quant au vin, si l'on nous en offrait, nous le faisions porter à nos soldats, qui nous suivaient à pied, derrière les lugubres tombereaux.

Je ne raconte pas cela pour récriminer : les Prussiens faisaient, je crois, comme ils pouvaient et les villages étaient épuisés.

Nos ennemis ne mangeaient guère plus que nous et ils ne cherchaient pas à prendre pour eux ce qui nous était destiné. J'ai le regret d'avouer que leur attitude, dans ces cruelles circonstances, pouvait servir d'exemple et de leçon à nos malheureux troupiers.

Mais que nous importaient toutes ces misères ! Nos cœurs étaient trop pleins du deuil de la Patrie pour que le sentiment de notre infortune particulière pût y trouver place.

Personnellement, on a dû le voir, j'étais sans ressentiment en arrivant à Maïnz, et je n'aurais pas changé depuis si Guillaume, démasquant ses secrets desseins, ne nous eût fait entendre la voix insolente de ce Bismark, qui ose réclamer pour son maître notre Alsace et notre Lorraine ; si ces Prussiens maudits, sans chevalerie et sans humanité, n'eussent lâchement bombardé nos villes qu'ils n'osent pas escalader par la brèche.

Quant à la nation qui prête ses soldats à la Prusse pour une guerre de conquêtes, il m'est impossible de l'aimer encore ; et cependant plus j'apprends à connaître l'Allemagne, plus je suis porté à l'admirer dans son calme si puissant, dans ses mœurs si simples, dans sa belle organisation.

D'ailleurs n'était-ce pas notre gouvernement qui avait déclaré sinon provoqué la guerre ? Comme toujours la France expie les crimes de ceux à qui elle a eu le tort d'abandonner ses destinées !

Avouer nos fautes, c'est faire un premier pas pour les réparer ; reconnaître les qualités de nos adversaires, c'est en faire un second.

Il faut nous élever au-dessus de nous-mêmes ou désespérer de l'avenir.

Grâce à la liberté relative qui m'a été laissée ici, j'ai résolu, ne pouvant rien faire de plus utile, d'écrire tout ce que j'ai vu de la terrible guerre déchaînée encore aujourd'hui sur mon malheureux pays.

Je le ferai sans haine ni rancune, mais aussi sans grands ménagements : le temps des fadeurs est passé.

Toutefois, je n'ai pas la prétention d'être un historien ni un moraliste.

Chroniqueur très modeste, je ne puis même répondre que de la sincérité de mes impressions; mais je compte sur l'intérêt qui s'attache à tout récit fidèle et je crois qu'il y a toujours profit à connaître la vérité, malgré le proverbe qui prétend que toute vérité n'est pas bonne à dire.

Si je parle un peu de moi, qu'on me le pardonne; il m'est impossible de faire autrement, puisque j'étais là et que je puis dire, avec le héros de l'Énéide :

Quæque ipse miserrima vidi.

III

Aux ruines de Sonnenberg, 17 septembre.

Aujourd'hui j'ai allongé ma chaîne de quelques anneaux : le gouverneur ne nous défendant pas la promenade aux environs de Wiesbaden et se fiant, dans des limites déterminées, à notre parole donnée par écrit, j'ai gagné la campagne.

Ma première excursion a été pour les ruines de Sonnenberg.

Je les contemple en songeant à celles de la France.

Dans quelles balances peser les douleurs de l'humanité et qui osera jamais condamner ou absoudre ?

Les larmes du prisonnier de guerre français coulent sur les pierres du vieux château ; mais le vieux château a été, lui aussi, ravagé et détruit par les Français.

Où est la justice ? Où est la vie ?. . . .

. . . .

Je viens de pénétrer dans la partie des ruines qui fut l'église.

Là une voix me répond : Seul je suis la justice et seul je suis la vie. . . . . . .

. . . .

La dernière église que j'ai vue en France est celle de Donchéry.

Elle est simple et grandiose : on n'y trouve rien de ce qui n'est pas utile et nécessaire au culte.

On n'y voit point ces chaises à bascules dont le moindre inconvénient est de produire un bruit assourdissant au moment où il faut s'agenouiller et se recueillir.

Des bancs de bois y reçoivent les fidèles : on paie si l'on veut et surtout si l'on peut, chrétiennement.

Cette église était destinée à devenir pour nous une prison et ces bancs devaient nous servir de lits de camp.

La nuit tombait quand nous y arrivâmes, le soir de la défaite de Sedan.

Nous étions montés à cheval à quatre heures et demie du matin, après une nuit très froide passée sur la lisière des bois de Givonne. Nous avions combattu et couru toute la journée.

Faits prisonniers par les dragons prussiens, nous avions été emmenés jusqu'à Vrigne-aux-Bois au grand trot de nos montures.

Là on nous avait enlevé nos chevaux et l'on nous avait mis sur les charrettes.

Nous n'avions ni bu ni mangé, sauf un peu d'eau récoltée çà et là et quelques bribes de biscuit en réserve dans nos fontes.

De Vrigne-aux-Bois, le convoi s'était mis en marche, dans les conditions indiquées déjà. Nous avions avec nous environ cinq cents prisonniers, sous-officiers ou soldats de toutes armes, dont les uniformes souillés, défigurés et en lambeaux faisaient mal à voir.

L'un de ces malheureux, espèce de paillasse comme on en met dans les mélodrames pour faire rire les spectateurs quand ils ont pleuré, portait un chapeau de paille de moissonneuse et avait suspendu derrière son dos un bidon et une gamelle qui sonnaient en s'entrechoquant.

C'était d'autant plus hideux pour nous que, pour nos ennemis, c'était grotesque et ridicule.

Notre orgueil national saignait par tous les pores et nous ne pouvions plus avoir d'autre courage que celui du désespoir ou de la résignation.

Aux uns s'appliquaient ces vers que Racine a mis dans la bouche de son Oreste :

Grâce aux Dieux, mon malheur passe mon espérance;
Et je te loue, ô ciel, de ta persévérance. »

Les autres, s'inclinant, disaient : « *Fiat voluntas tua !* »

Mais quels que fussent nos secrets sentiments, nos visages restaient calmes et fiers
et nos vainqueurs n'y pouvaient lire que la
dignité du malheur.

Les Prussiens faisaient, du reste, leur
métier comme à la parade et se montraient
imperturbables au sein de leur étonnante
fortune.

Un de leurs officiers me l'expliquait ainsi
quelques jours après : « S. M. Guillaume
Notre Roi nous avait dit : Allez, je suis
sûr de mon coup. »

A Donchéry, nous fûmes tous poussés
pêle-mêle dans l'église.

On ferma la porte et les fenêtres ; on
entoura l'édifice de factionnaires ; un grand
silence se fit et l'on parut nous oublier là.

La charité veillait sur nous.

Instinctivement, les officiers (nous n'é-
tions alors qu'une vingtaine, dont un général qu'on logea chez le curé) avaient
cherché un petit coin où ils pussent se
grouper à l'écart : la porte de la sacristie

étant restée ouverte, ils se réfugièrent là.

Dans des circonstances pareilles, on tâche presque toujours de s'isoler, au moins par catégorie ; on n'est pas poussé à cela par dédain pour ses inférieurs, mais par le besoin impérieux d'une propreté relative. Beaucoup d'aristocrates s'expliquent ainsi : il n'y a jamais eu que des gens très malpropres qui leur en aient fait un crime.

Dans la sacristie, nous étouffions.

Au-dessus d'une table massive, fixée au mur par des charnières, il y avait deux petites fenêtres qui laissaient voir un coin du ciel et deux ou trois des croisées de la maison en face. Ces fenêtres étaient garnies de barreaux de fer qui rendaient toute évasion impossible.

L'un de nous monta sur la table et ouvrit afin de renouveler l'air.

Cinq minutes après, un sous-officier prussien entra brusquement et nous dit d'un air rogue, en montrant l'ouverture : *Es ist ferboten !* (Cela est défendu).

En même temps, il monta sur la table à son tour et ferma la fenêtre.

Il nous fallut renoncer à respirer.

Nous dûmes cette dureté à un jeune lieutenant dont je ne veux pas me rappeler le nom. Il était logé en face de l'église et notre aspect lui était sans doute désagréable.

Dieu lui pardonne son mauvais procédé ! Il est, du reste, le seul officier prussien dont nous ayons eu, jusqu'ici, directement à nous plaindre. J'ai, en outre, su depuis, par ses camarades, qu'il est plus criard que méchant. En France, on dirait d'un semblable personnage qu'il *pose* et qu'il pose mal.

Une heure environ se passa ainsi.

Nous avions allumé un des cierges déposés dans la sacristie et nous restions là debout, silencieux et immobiles.

Nous avions soif et nous avions faim.

La porte s'ouvrit doucement.

Le curé entra : derrière lui deux sœurs de charité.

Dans les plis religieux de leurs vêtements noirs il y avait du pain et du vin cachés.

Ni lui ni les sœurs ne parlèrent : ils étaient pâles.

Sur un coin de la table ils placèrent la moitié d'un pain blanc, deux pots de confitures et deux bouteilles de vin.

Toute ma vie je verrai devant mes yeux ces provisions et les bons anges qui nous les apportaient.

La sœur qui nous offrait les confitures était très jeune : elle pleurait.

Quelques-uns d'entre nous s'éloignèrent du cierge qui seul éclairait ce triste tableau : je crois bien qu'ils pleuraient aussi.

Le curé revint une seconde fois avec ses deux vicaires et nous fûmes encore ravitaillés de pain et de vin : puis ils allèrent s'occuper de nos soldats.

Nous couchâmes dans la sacristie : sur le

plancher ou sur la table. Nous n'avions pas encore droit à la paille.

Nos hommes s'étaient étendus sur les bancs.

La nuit ne nous apporta qu'un sommeil fiévreux. Ce qui nous incommodait le plus était une odeur infecte qui arrivait à nous par les interstices de la porte, nos soldats ne pouvant sortir sous aucun prétexte!

Au point du jour, le feu prit aux maisons voisines. Nous apercevions, par nos petites fenêtres, les lueurs de l'incendie.

Nous sonnâmes nous-mêmes le tocsin ; mais on ne nous ouvrit pas pour si peu.

Le curé, qui se présenta, se vit refuser la porte de son église.

Heureusement, le feu s'éteignit bientôt: il y avait, dans la commune, une pompe en bon état et les habitants, qui étaient tous accourus, la manœuvrèrent habilement.

. . . .

Mais je vois que j'écris sans méthode

et sous l'unique impression des derniers
événements.

J'ai promis de faire un livre et je m'ef-
forcerai désormais d'avoir de l'ordre.

Ne suis-je pas en Allemagne ?

O Gœthe, cher et sublime poète ! puissé-
je découvrir, sur le sol de ta patrie, les
sources fécondes auxquelles puisait ton
grand esprit !

IV

J'habitais, avant la guerre, la bonne ville de Toulouse, que Dieu garde !

Le 21 juillet dernier, au moment de me mettre à table, je vis un beau bouquet resplendir sur la nappe ; deux vieilles bouteilles de vin de Bordeaux attendaient dans leur coin que j'en fisse les honneurs aux convives souriants.

C'était la saint Victor.

Avant de me laisser asseoir, on m'embrassa cordialement. Ma jeune femme, tout heureuse de penser que l'on avait peut-être oublié mon nom dans les cartons ministériels, m'embrassa deux fois au lieu d'une.

Je prie les célibataires endurcis de lui pardonner cette faiblesse.

A côté de mon couvert, il y avait plusieurs lettres à mon adresse. Je fis le mouvement de les mettre dans ma poche ; mais je les plaçai, par le fait, sur ma serviette étendue et, tout en dégustant mon potage, j'en ouvris une dont j'avais reconnu l'écriture et j'y lus rapidement ces quelques lignes d'un ami :

« Je te fais mon compliment ; je viens d'apprendre que tu fais partie de l'état-major de la 3ᵉ division du 1ᵉʳ corps d'armée. Tu seras là aux premières places, car la besogne ne chômera pas sous les ordres de Mac-Mahon. »

C'était aussi mon avis et, comme militaire, j'étais enchanté.

Bien que je ne fusse pas au nombre des favoris du régime impérial, j'avais toujours espéré qu'on songerait à moi ; car il y avait, du côté de Metz et de Wissembourg, au moins autant de coups que de récompenses à attendre et, dans ces circonstances où il est très possible de recevoir les uns sans avoir part aux autres, j'ai quelquefois trouvé grâce devant les Excellences.

Je préfère encore aujourd'hui — je crois pouvoir dire surtout aujourd'hui — ce genre de faveurs à celles dont quelques-uns de mes contemporains ont été comblés.

Rien ne parut sur mon visage d'une satisfaction à laquelle se mêlait du reste beaucoup de regrets et je pus, sans troubler la fête, me livrer à part moi à mes petits calculs et tout disposer dans ma tête pour être prêt à partir sous trois ou quatre jours.

Je reçus le lendemain ma lettre de service et, le 24 à onze heures du matin, je me mettais en route avec deux ordonnances, deux chevaux de selle et un cheval de bât que j'enlevais à mon jardinier et qui portait, non sans une apparence d'orgueil, mes deux cantines sur un bât tout neuf. Je crus devoir donner à ce quadrupède le nom de

Chançard, à cause de la grande fortune à laquelle il était subitement appelé, lui qui semblait destiné, par son obscure naissance et son peu d'instruction première, à tourner toute sa vie la roue de notre noria.

Dans ces conditions, j'avais le droit de me croire parfaitement équipé.

Quelle présomption ! j'étais arriéré de quinze ans !

Des cantines ! fi donc ! Depuis la Crimée, on avait inventé les voitures à bagages et nos magasins en regorgeaient en prévison de la guerre. C'était bien, en effet, comme on le verra par la suite, la première chose à prévoir !

Je n'ignorais pas cette invention, mais je ne la croyais applicable qu'aux troupes et dans des proportions très restreintes, pour les ambulances, les vivres ou les munitions.

J'appris bientôt qu'on l'avait étendue aux états-majors et que l'on donnait, pour une division :

1° Au général de division, 1 grande voiture à 4 roues et à 2 chevaux, 1 petite voiture à 2 roues et 1 cheval;

2° A chaque général de brigade, 2 petites voitures;

3° Au chef d'état-major, 1 grande voiture pour ses archives (ses archives!...) et 1 petite voiture pour ses effets et ceux des officiers de l'état-major;

Ajoutez à cela : 1 petite voiture, pour le culte et la gendarmerie;

Une grande voiture, pour la trésorerie et les postes et vous aurez un total de trois grandes voitures et huit petites, c'est-à-dire à peu près une voiture par officier de chaque état-major divisionnaire.

Je ne me suis jamais permis de compter les voitures des grands états-majors; j'ai toujours supposé qu'ils en avaient un nombre suffisant.

Les régiments en reçurent de neuf à onze, sans préjudice des voitures des cantiniers, etc., etc. Il est donc permis d'éva-

luer à cinquante par division le nombre de
ces véhicules; il faut maintenant s'adresser
aux Prussiens si l'on veut des renseignements plus précis.

Pour compléter la mesure, on avait décidé que chacun se procurerait comme il le
pourrait les conducteurs et les chevaux:
les conducteurs, dans la mobile et les chevaux dans le commerce, l'État se char-
geant de rembourser le prix de ces derniers.

Tout cela était facile, surtout sur le papier, en admettant que tout mobile est né
cocher et que tout cheval s'attelle.

Je n'étais pas à la hauteur de tant de
progrès et je partis pour Lyon aussi enchanté de mes équipages qu'un mousque-
taire mis sur le pied de guerre par une
duchesse.

J'arrivai à Lyon tout d'une traite, mais
j'y arrivai seul : ordonnances et chevaux
avaient été décrochés du train je ne sais où
et dirigés sur Strasbourg par une autre
ligne.

Je me plaignis à M. le chef ou sous-chef de gare ; on me répondit que c'était le règlement.

Je ne comprenais pas bien qu'un règlement, fait pour les voyageurs en temps de paix, fût applicable, en temps de guerre, à un officier d'état-major envoyé d'urgence à l'armée du Rhin, où, s'il arrivait sans ses chevaux, il devenait aussi inutile qu'une locomotive sans roues.

J'eus donc la naïveté de m'étonner beaucoup et l'inconvenance de me plaindre un peu : il est bien entendu que cela ne servit de rien.

Je devais, par la suite, en voir bien d'autres...

Je passai quelques heures à Lyon où j'appris que le 8e bataillon de chasseurs, venant comme moi de Toulouse, et le 2e régiment de zouaves, tous deux destinés à ma division, allaient être embarqués à la gare de Vaise, directement pour Strasbourg.

Cette nouvelle me consola un peu de mes mésaventures et je courus à la gare indiquée. Cette fois j'allais être dans un train militaire, dans un train tout spécial et rien ne devait plus me retarder; surtout si je retrouvais à Belfort mes ordonnances et mes chevaux, ainsi que l'administration m'en avait majestueusement laissé l'espoir.

Nous partîmes gaiement.

Quand je dis gaiement, il convient que je m'explique.

Il paraissait admis en France que la *Marseillaise* et le *Chant du départ*, hurlés par des gens ivres, étaient le symptôme le plus évident d'une grande joie.

Nos troupiers ne nous ménagèrent pas ce témoignagne de leur patriotisme, et les habitants accourus sur notre passage à toutes les stations, prirent à cœur de fournir le vin et l'eau-de-vie nécessaires à la démonstration d'un théorème nouveau, qui peut se poser ainsi :

« L'enthousiasme est le produit de l'alcool par la cacophonie. »

Il faisait une chaleur torride et plus nous avancions vers la Bourgogne, plus les pernicieux liquides étaient prodigués, malgré les prières et malgré les reproches des officiers, dont les observations étaient souvent fort mal accueillies. J'ai entendu des imbéciles exprimer tout haut et en termes très inconvenants leur indignation de ce que les *chefs* se mêlaient, à cet égard, de ce qui ne les regardait pas.

Il arriva nécessairement qu'au bout d'une demi-journée nous avions perdu presque toute influence sur la majorité de nos soldats : des exemples de la plus sale indiscipline vinrent jeter dans nos esprits des doutes cruels sur l'avenir.

Il y eut cependant une station où les choses se passèrent avec mesure et avec décence, et je suis heureux d'avoir à déclarer que rien de ce que je viens de dire ne s'applique à la ville de Tournus.

Là, nous fûmes reçus par des commissaires qui avaient tout fait préparer de la façon la mieux entendue.

A cette gare, les officiers trouvèrent, dans une pièce réservée à eux seuls, de la limonade et de la bière à la glace. On fit aux soldats, dans le plus grand ordre, des distributions appropriées à l'état de l'atmosphère; on leur donna du vin mélangé d'eau fraîche, du pain, du fromage, des fruits et du café.

Nous conserverons le meilleur souvenir de cette réception aussi cordiale qu'intelligente.

Nous arrivâmes, vers dix heures du soir, à une lieue environ de Dijon.

Un signal nous arrêta au milieu des champs.

Pourquoi? je ne l'ai jamais su.

L'endroit choisi, par je ne sais qui, pour cette halte intempestive, était complètement dépourvu d'eau. Les officiers, qui n'avaient pas dîné, s'y trouvaient sans ressource aucune : pas un morceau de pain. Enfin, il faisait une nuit très noire, et les soldats, descendant des wagons, s'éparpillèrent et allèrent où bon leur sembla.

Dans cette situation ma présence ne pouvait être utile à personne ; je gagnai Dijon à pied, pour y prendre le premier train qui partirait.

Je croyais trouver la gare encombrée ; mais, à ma grande surprise, elle était complètement libre.

Il me faudra plus d'un jour pour me corriger de ces étonnements.

Les occasions ne me manqueront pas.

Je n'arrivai à Strasbourg que le surlendemain, car je fus encore arrêté cinq ou six fois de la même manière.

Je n'y trouvai ni mes ordonnances ni mes chevaux.

Comme j'ai foi en la Providence, je comptai qu'Elle s'était chargée de les nourrir en route. . . . .
. . . .
. . . .

Au Wissenthal, 21 septembre.

Je viens d'écrire ce chapitre tout d'une haleine, au pied d'un arbre.

Je lève les yeux : un site merveilleux s'étend autour de moi.

Une prairie, qui semble sortir des mains du Créateur, s'épanouit à droite et à gauche sur les pentes douces d'une vallée que bordent des chênes et des hêtres majestueux. Çà et là, des bouquets de sapins et de mélèzes, aux tons plus sombres, font valoir les teintes claires en rompant leur uniformité.

A l'extrémité d'une clairière, je vois étinceler au soleil le dôme doré de la chapelle grecque.

Le ciel est pur, l'atmosphère embaumée, les oiseaux gazouillent et aussi les jeunes enfants dont les heureuses mères dirigent les jeux ou surveillent les courses folles.

Tout sourit, tout chante, tout parle d'amour et de famille.....

Hélas! Paris est assiégé et Strasbourg n'est plus qu'un monceau de ruines!

La joie ruisselle autour de moi et j'ai la mort dans le cœur!

V

RAOULT

Je l'avais connu à Bayonne, en 1854.

Il était alors chef d'escadron d'état-major ; un peu âgé pour son grade.

Il souffrait — et ce fut peut-être son unique faiblesse de le laisser voir, — il souffrait dans son amour-propre, ou plutôt dans le sentiment intime de ses aptitudes non employées.

Cette souffrance rendait son humeur inégale et se traduisait généralement par des accès d'un mutisme absolu. Bien qu'il ne fût jamais agressif, beaucoup ne l'aimaient pas, parce qu'ils ne pouvaient pas le comprendre.

Personnellement je l'ai compris et je l'ai toujours aimé.

Pour expliquer Raoult, un seul mot suffit : Raoult n'était pas un être composé, il n'y avait en lui qu'une seule essence, le Devoir.

Toute sa vie est là, et sa mort aussi.

Il partit pour la Crimée.

Quelques semaines plus tard, je l'y retrouvai lieutenant-colonel et bientôt colonel, major de tranchée.

Le choix l'avait pris, par hasard, à cause de son mérite, car il n'était pas solliciteur.

Il était employé au siège de gauche et moi au siège de droite; nos rapports furent donc assez rares.

Mais quand je me sentais au cœur du découragement, du doute ou de la faiblesse, j'allais voir Raoult : faiblesse, doute et découragement disparaissaient.

Il m'est arrivé quelquefois, lorsque je n'étais pas de service au Carénage, de me rendre au Clocheton et de suivre le colonel

Raoult faisant sa tournée de tranchée.

Il portait habituellement une longue criméenne, boutonnée jusqu'en haut et sévère comme une robe de prêtre; pour toute arme il avait à la main un bâton de voyageur, comme Sully.

Il marchait d'un pas égal et mesuré, voyant tout, songeant à tout, sauf au péril.

Il suivait les tranchées et profitait des défilements comme on doit le faire, sans fausse bravade; mais si le parapet le gênait pour découvrir un point intéressant de la défense, il montait tranquillement sur le parapet et y restait le temps nécessaire à ses observations. On tirait sur lui sans qu'il y fît la moindre attention et, quand il avait bien vu, il descendait, prenait ses notes et continuait en silence son inspection.

Jamais je ne l'ai entendu prononcer une phrase à effet ni faire remarquer à personne les traces que laissait dans ses vêtements le passage des projectiles.

Quand sa criméenne avait été par trop

détériorée par eux, il la donnait à son ordonnance en rentrant au Clocheton et lui disait de sa voix calme : Faites-moi raccommoder cela; je me suis déchiré je ne sais où.

Comme il était d'une taille élevée, sa tête passait souvent au-dessus des épaulements inachevés; les Russes avaient fini par reconnaître son képi et disaient : voilà le major! Ils le saluaient d'une grêle de balles.

On sait le grand cas que Totleben faisait de Raoult : c'était dans ces circonstances qu'ils s'étaient connus.

En 1858, j'étais en province, à Lunéville. J'avais le tort de m'y ennuyer comme un jeune homme sevré de plaisirs et la prétention de goûter à mon tour des délices de la vie parisienne.

Je fis une demande en conséquence et j'écrivis à Raoult, alors chef d'état-major de la Garde, pour qu'il l'appuyât.

Il me répondit une lettre assez froide,

en forme de sermon : il m'y faisait observer que quand on possède la jeunesse on a
le bien suprême ; qu'on n'a pas le droit de
connaître l'ennui ; qu'un militaire doit rester où le Ministre l'a mis, etc., etc.

Je trouvai l'épître désagréable, pédantesque, indigne d'un ancien camarade et je
renonçai, non sans maugréer, à la garnison de Paris.

Huit jours après, j'étais nommé au poste
que j'ambitionnais et j'appris, ce dont je
me doutais bien, que je devais à Raoult
cette faveur inaccoutumée.

Tout le caractère de l'homme est là :
faire sans paraître, obliger sans promettre.

Juste le contraire de ce que font — je
veux dire de ce que faisaient — les gens
en place.

Raoult a été toute sa vie simplement
bon et modestement grand.

Je n'ai pas le droit de raconter tout ce
que je sais de lui sous ce rapport, car il
me faudrait pénétrer dans sa vie privée.

Il me suffira, pour le montrer tel qu'il était, de citer le dernier acte de sa vie publique.

La bataille de Frœschwiller était perdue depuis plus de trois heures : déjà le général en chef s'était retiré de sa personne et derrière nous s'écroulaient les dernières maisons du village en flammes.

La troisième division d'infanterie n'avait plus à attendre des troupes en arrière d'elle ni retour offensif ni soutien.

Quelques turcos du 2ᵉ régiment luttaient seuls encore dans les bois situés à notre gauche, et nos derniers tirailleurs, vigoureusement poussés par des masses victorieuses, remontaient les pentes qui descendent de Frœschwiller sur Wœrth.

Le cheval de Raoult avait été tué et le général à pied se tenait à une centaine de mètres en avant et à gauche de Frœschwiller, au milieu d'un feu épouvantable d'artillerie et de mousqueterie.

Il était seul, son escorte s'étant retirée

par son ordre et son état-major parcourant le champ de bataille en tous sens, avec mission de rallier les troupes.

L'un des officiers de cet état-major et aussi le général L'Hérillier, qui commandait la première brigade et auquel Raoult accordait toute sa confiance, vinrent lui faire respectueusement observer que sa présence devenait indispensable en arrière pour diriger la retraite ; ils le supplièrent de ne pas s'exposer plus longtemps à des périls inutiles et de conserver à la division un chef qui lui était plus que jamais nécessaire.

— Vous avez raison, leur répondit-il, il faut sauver le plus que nous pourrons de ces braves gens. Quant à moi, *je n'ai pas reçu officiellement l'ordre de battre en retraite,* et je reste. Allez, et prenez en mon nom toutes les mesures utiles.

Et, comme nous hésitions, il ajouta :

— Mais allez donc, messieurs, allez donc ! Vous voyez bien qu'avec vos chevaux vous m'attirez des balles !

3,

Déjà les Prussiens tournaient le village par notre droite refoulée et les obus nous arrivaient par derrière.

Il n'y avait pas un instant à perdre, si l'on voulait réunir et diriger sur Reischoffen les débris de la division.

Cela fut fait par nos généraux de brigade, L'Hériller et Lefebvre.

En ce moment Raoult tomba et nous ne le revîmes plus.

Il avait été grièvement blessé et il fut fait prisonnier.

Le bruit de sa mort, démenti une première fois, nous fut confirmé à Donchéry, par un officier du quartier-général prussien.

Nous l'avons tous pleuré et, bien que nous ayons beaucoup souffert depuis que nous l'avons perdu, nous n'avons jamais songé à nous plaindre quand nous nous rappelions ses dernières paroles.

Elles ont été pour nous une consolation: elles seront un enseignement pour ceux qui nous suivront.

Tel était le chef que j'allais trouver à la tête de la division à laquelle j'avais l'honneur d'appartenir et que je rejoignais à Strasbourg.

Ma confiance était donc entière et mon dévouement absolu.

Tous mes camarades étaient dans les mêmes dispositions. . . . .

. . . .

J'aurais pu reproduire ici les brillants états de services du général Raoult ; mais je me suis promis de ne raconter des hommes et des choses que ce que j'en ai vu par moi-même, et je me borne par conséquent à cette faible esquisse.

L'Histoire, à laquelle Raoult appartient aujourd'hui, trouvera, pour le peindre mieux, les teintes plus fortes qui conviennent au portrait d'un héros.

VI

Le premier officier que j'interrogeai au
débarcadère m'apprit que presque tous les
généraux et officiers d'état-major, appelés
à Strasbourg par les ordres du Ministre,
étaient logés à l'hôtel de la Maison-Rouge.

Mes bagages étaient avec mes chevaux,
mes chevaux avec mes ordonnances et
mes ordonnances je ne savais où ; je crois
l'avoir déjà dit. J'étais donc aussi léger
qu'un fantassin qui a mis sac à terre et,
comme je connaissais la ville, j'arrivai
d'un saut sur la place Kléber, où était
l'hôtel indiqué.

Mon chef d'état-major s'y promenait en
fumant un cigare : je passai devant le

grand homme de bronze et j'allai saluer l'excellent colonel sous les ordres immédiats duquel j'étais placé.

Séance tenante je fus présenté au général Raoult, qui voulut bien m'inviter à déjeuner et m'accepter dans la tenue un peu négligée où je me trouvais involontairement.

Dix minutes après nous étions à table.

J'avais eu le soin de retenir une chambre en franchissant le seuil de la Maison-Rouge ; j'avais salué mes supérieurs, serré la main à mes camarades, j'étais donc installé.

C'était une fort belle réunion que celle où j'avais l'honneur d'être introduit, et il eût été difficile d'entrer en fonctions sous de plus agréables et de plus brillants auspices.

La salle à manger, spacieuse et convenablement décorée, donnait sur la Grande Place.

En face de la porte d'entrée, la table

principale, parallèle à la rangée des fenêtres ; de chaque côté, une autre table en retour.

A la table principale, des généraux de division ou de brigade, avec leurs aides-de-camp et officiers d'ordonnance ; aux deux voisines, des officiers d'état-major : colonels, officiers supérieurs, capitaines.

Cette brillante assemblée inspirait le respect et la confiance, sans nuire à la bonne humeur ni à l'appétit.

Ce n'était pas tout.

Au centre, il y avait un guéridon ; sur ce guéridon un couvert et, utilisant ce couvert, un zouave d'un régiment inconnu.

Ce zouave était joli comme un diablotin. Son uniforme était de velours noir ; il portait de petites bottes vernies et montrait les plus beaux cheveux châtains qui eussent jamais été bouclés sous un feutre à la tyrolienne. Une aigrette d'un rouge feu ornait son chapeau mignon, et les deux grands yeux qui brillaient sous les bords

un peu relevés de cette coiffure annon-
çaient un caractère brave et résolu.

Il fallait en effet à ce militaire d'opéra
une grande dose de courage pour grignotter
sa côtelette sous le feu de la formidable
artillerie de tant de regards.

Ce genre de bravoure ne pouvait évidemment pas appartenir à un homme :
c'était une femme, en effet, et une femme
des plus agréables à voir. La croix de
Genève, qu'elle portait en brassart, indi-
quait sa mission : elle allait secourir les
blessés... Heureux sans doute ceux qu'elle
a pansés.

Que faisait-elle en attendant? Ce n'était
pas notre affaire de nous en informer et
personne de nous n'a cherché à lui parler;
on se contentait de la regarder en mangeant. Est-ce une raison, parce qu'on est général ou officier d'état-major pour ne pas se
servir de ses yeux ? Non, bien au contraire.

La vie que nous menions à Strasbourg
était active et assez occupée.

Le matin, on montait à cheval et l'on allait au Polygone inspecter les troupes qui arrivaient successivement pour former les divisions de l'armée du Rhin.

On déjeunait à dix heures et après le déjeuner on se rendait au café du Broglie. On y retrouvait les camarades perdus de vue ; on y causait politique, stratégie et tactique ; on y commentait l'annuaire ; on y faisait mille projets d'avenir...

La journée suffisait à peine aux courses à faire, à pied ou à cheval, pour régler mille détails personnels ou de service. On en perdait malheureusement la plus grande partie à expédier, comme toujours, des paperasses. Les *situations* étaient fournies par monceaux : en huit jours il y en eut assez pour combler le Rhin devant Kehl. Maladie terrible que cette fureur des écritures ! maladie mortelle si le Ministère de la guerre ne prend pas un bon médecin.

Nos soirées étaient libres, et chacun les employait à sa manière : les uns jouaient, les autres lisaient les petits livres expédiés par Son Excellence. Les mieux avisés dormaient, sûrs de ne perdre ainsi ni leur argent ni leur temps.

Je fus deux jours encore sans pouvoir sortir autrement qu'à pied; mais aussitôt que je fus en possession de mes équipages, qui arrivèrent miraculeusement en bon état, je sautai à cheval pour aller voir nos troupes et reconnaître les environs.

Ma première excursion au Polygone ne me donna pas toute la satisfaction que j'en espérais.

Je l'avais cependant faite dans les meilleures conditions, après un excellent déjeuner offert par un vieux camarade de chasse dont la famille m'avait accueilli à bras ouverts.

J'avais traversé, pour me rendre au camp, cette belle forêt de Neudorf que j'avais si souvent et si gaiement parcourue quelques années auparavant. J'étais dans des dispositions d'esprit à trouver tout bien et, malgré cela, je fus sinon péniblement affecté, du moins désagréablement surpris.

Les troupes étaient assez mal installées sous des tentes plantées çà et là sans méthode, alors qu'il était si facile, sur ce terrain de manœuvres, d'observer les dispositions prescrites, ne fût-ce que par respect pour le règlement.

Les régiments étaient incomplets en personnel et mal pourvus de matériel, étant arrivés, comme j'étais venu moi-même, par les voies ferrées, à la grâce de Dieu. Ici des hommes n'avaient pas leur équipement, là des équipements attendaient leurs propriétaires ; d'un côté, des chevaux sans selle, et, de l'autre, des selles sans chevaux.

La précipitation, ennemie de l'ordre, marquait partout ses traces ; la direction ne se faisait sentir nulle part.

Je n'y attachai pas néanmoins plus d'importance qu'il ne fallait et j'étais tout disposé à tenir compte des difficultés du moment.

— Cela ne durera pas longtemps ainsi, me disais-je, et dans quelques jours la main du maître va se montrer. On ne déclare pas la guerre sans savoir à quoi l'on s'oblige et à quoi l'on s'expose : notre gouvernement a dû tout prévoir... La première vertu d'un soldat, c'est le dévouement, et qui dit dévouement dit confiance et soumission... Commandant, mon ami, soyez vertueux et laissez là cette tendance à la critique sur laquelle un de vos chefs a déjà eu, malheureusement pour vous, l'occasion d'appeler l'attention !

C'est ainsi que je m'efforçais, comme beaucoup de mes camarades, de voir les choses du bon côté, aimant mieux m'accuser moi-même que de croire à l'incapacité de ceux auxquels nous devions le respect et l'obéissance. Ne vaut-il pas mieux subir les mauvais prêtres que renier sa foi?

Je piquai, sans plus de commentaires, mon temps de galop vers l'artillerie. Je me fis montrer les mitrailleuses et comme j'avais pris connaissance du petit volume qui en explique la manœuvre et l'emploi, je me consolai pour le moment. — 2,500 mètres de portée... un mouvement de faucheuses et une grêle de balles... c'est inattaquable... à moins pourtant qu'on ne les fourre dans des ravins ou au fond des bois... mais je l'ai juré, plus de critique !

Malgré tout je rentrai rêveur à l'hôtel et je dînai mal ; c'était peut-être la faute de mon ami qui m'avait fait trop bien déjeuner.

Pauvre Auguste ! Sa maison, qui était près de la gare d'Austerlitz, a été certainement rasée ou incendiée. Je ne le crois pas assez riche pour qu'il ait pu supporter facilement cette perte... peut-être est-il aujourd'hui sans asile... peut-être sa femme et sa fille manquent-elles du nécessaire...

Oh ! que de sang et que de larmes ! Et quel compte auront un jour à rendre ceux qui ont ordonné ces destructions ou qui, pouvant les arrêter, restent sourds aux gémissements et poursuivent, tout en osant invoquer Dieu, la route tracée, à travers tant de ruines, par leur implacable ambition !

VII

J'ai dit que je connaissais Strasbourg.

J'y occupais, pendant l'automne de
l'année 1866, une petite villa cachée dans
les arbres, entre le chemin du polygone et
la route de Bâle ; c'est la meilleure saison
dans ce pays de vie plantureuse et de
chasses féeriques.

J'avais une terrasse qui dominait les
jardins et les champs des environs et je
venais là chaque matin, en me levant,
respirer l'air pur de la campagne. Autour
de moi travaillaient, bêchant, sarclant ou
fauchant, les garçons et les fillettes ; les
la-la-oulou montaient vers le ciel avec les
brouillards du Rhin et de l'Ill... Que

de joie, que de santé et que de force!

Arrivaient l'ami Meyer, l'ami Schlusser, l'ami Trenck et l'ami Kaufmann, le fusil sur l'épaule et les chiens en laisse... la grosse miche était apportée, et les wurst et le roosbeef froid...

On débouchait le petit vin blanc... cher petit vin blanc bien innocent des querelles que les poètes nationaux nous ont suscitées à son sujet! On allumait la pipe, on faisait un kilomètre et l'on entrait en chasse... dans la plaine d'abord... Les gros lièvres se levaient à chaque pas, à moitié engourdis par la fraîcheur de la nuit... et des perdreaux par vingtaines, et des faisans! Et piff paff, et piff paff pouff!... Les carniers se remplissaient à ne plus pouvoir les porter : il fallait aller déposer son butin dans une auberge. Alors commençait la série des chopes.

— Santé, Meyer! santé, Schlusser! santé, Trenck et santé Kaufmann... Tout cela passait grâce à l'exercice et en attendant l'omelette, le civet et les perdreaux rôtis du déjeuner.

Après midi l'on allait au bois : là celui qui était fatigué pouvait s'asseoir et les camarades levaient bientôt assez de gibier, lièvres, chevreuils, voire même cerfs et sangliers, pour que le paresseux pût tirer du pied de son arbre, tout en fumant sa pipe sempiternelle.

On rentrait harassé ; on dînait comme dix parce qu'on était cinq et l'on dormait à poings fermés.

Le lendemain c'était une nouvelle partie, à cheval ou en voiture, vers Kehl, par la route ombreuse...

On pêchait dans le Rhin et l'on festoyait au *Poisson Frit*, *Gasthaus* remarquable surtout par l'imposante stature des trois sœurs qui nous en faisaient les honneurs.

Voulait-on les faire causer, on mettait la conversation sur leurs voisins les Badois.

— Nuss, disaient-elles dans ce langage que Balzac a rendu populaire, nuss bas

graintre les Badische blus gue rien tu
tut... afec les manges à palais engore !...

Comprenait qui pouvait leurs diatribes
qui ne tarissaient pas sur ce sujet favori :
elles allaient leur train et dévidaient leur
écheveau entre elles, si nous nous mettions
à parler d'autre chose.

Braves filles ! Je vois encore s'agiter
leurs luxuriantes chevelures blondes et
briller les éclairs de leurs yeux bleus,
quand nous disions, pour plaisanter, qu'un
jour ou l'autre l'Alsace retournerait à
l'Allemagne !

Chers et cruels souvenirs !...

VIII

La garnison de Strasbourg a toujours été considérée par tous les militaires comme une des meilleures de France. Les troupes que nous allions conduire à l'ennemi étaient donc enchantées de s'y trouver réunies.

Malheureusement elles se montrèrent trop disposées, dès le début, à user et à abuser des plaisirs faciles que la bonne ville leur offrait, et en même temps les officiers, naturellement indulgents pour des hommes destinés aux grandes épreuves des champs de bataille, n'attachèrent pas au maintien de la discipline toute l'importance qu'ils auraient dû y mettre.

L'armée du Rhin, travaillée depuis long-temps, comme toute l'armée française, par des théories fondées sur le mépris de l'au-torité, c'est-à-dire de ce qui est la force de toute organisation militaire ; habituée à confondre, depuis qu'on l'appelait à voter, l'opposition avec la désobéissance ; enivrée au physique et au moral, pendant les longues routes parcourues jusqu'au point de concentration, par le vin et les louanges anticipées de populations bien intentionnées, sans doute, mais trop peu soucieuses du respect dû aux chefs militaires ; l'armée du Rhin, dis-je, vint contracter à Strasbourg, dans une oisiveté regrettable et dans la fréquentation des brasseries et autres lieux moins avouables, les habitudes de désordre, d'ivrognerie et d'indiscipline effrontée que je n'hésite pas à signaler comme ayant été les premières causes de sa ruine.

Je ne veux pas dire que ces causes aient été les seules, et j'aurai assez souvent l'occasion de revenir sur ce sujet pour pouvoir compléter ma pensée ; mais il faut, je le répète, les ranger parmi les principales.

Je n'ai pas non plus la moindre intention d'imputer à nos braves Alsaciens ces fâcheux résultats ; il n'y a, selon moi, rien de moins coupable que leurs brasseries, et si je cherchais quelque part le type de la douceur, de la sagesse et de la modération, c'est probablement dans une de ces grandes salles sans luxe, à une table chargée de chopes, que je le découvrirais dans la personne d'un Strasbourgeois, si la fumée de la pipe me permettait de l'apercevoir. Mais tel milieu convient à tel homme et non à tel autre, et je n'ai jamais vu tableau plus hideux ni plus dégoûtant qu'un turco salement ivre au fond d'une brasserie.

Toutes les nuits, la ville était tenue en éveil par des chants ; et quels chants ! des vociférations ! des hurlements ! des hoquets !...

Depuis le soir jusqu'au matin, la place

4.

Kléber était sillonnée par une foule d'ivrognes indignes de porter l'uniforme : le jour les chassait comme des chacals, et ils allaient cuver le long des haies la bière et l'eau-de-vie dont ils s'étaient gorgés. Le service, les appels : à quoi bon? A Berlin, tout de suite, et buvons !

Terrible leçon pour les insensés qui osaient saper les fondements de notre discipline! Ces mêmes soldats ont passé de l'ivrognerie au maraudage et de la paresse à l'insubordination, pour aboutir à la lâcheté. Ce sont eux, j'en réponds, qui ont mis le désordre dans les combats et la confusion dans les retraites.

Ce sont eux qui, aujourd'hui encore, vivent je ne sais où et je ne sais comment, après avoir abandonné leur drapeau. Ce sont eux enfin, j'en suis sûr, qui osent calomnier leurs officiers et prétendre que l'exemple de la bravoure ne leur était pas donné d'en haut.

Misérables ! Restez dans votre honte

puisque vous trouvez des dupes ou des complices; mais ne levez plus devant les gens de cœur votre front avili. La France, que vous ne sauriez abuser longtemps, peut aujourd'hui vous répondre en vous jetant à la face la liste des morts et des blessés !

Je ne suis pas du nombre des flatteurs; mais si j'ai le profond chagrin de ne pouvoir rendre témoignage de l'habileté et du talent de tous ceux qui nous ont commandés pendant cette malheureuse campagne, je suis heureux et je suis fier de proclamer que leur bravoure *à tous* éblouissait comme le soleil : les lâches seuls, ceux qui se mettaient à plat ventre pendant la bataille, les lâches seuls ne l'ont pas vue !

Je laisse ce triste sujet, car aujourd'hui encore, en y songeant, je sens mon cœur bondir d'indignation et je ne suis plus maître des expressions que le mépris ferait couler de ma plume.

J'arrive bientôt, du reste, au moment

où, malgré le plus terrible désastre, j'ai retrouvé le soldat français tel que je l'avais connu en Crimée; où j'ai pu applaudir à son intrépidité, à son héroïsme; où j'ai pu enfin l'admirer et l'aimer pendant tout un jour, comme je l'avais aimé et admiré pendant toute ma vie!

Funeste journée cependant! L'inexorable mort a fauché, dans les champs de Frœschwiller, les meilleurs des enfants de la France.

Puissent, en présence des dangers de la Patrie, ceux qui ont été faibles ou coupables s'inspirer des vertus de ces frères glorieux et revenir à des sentiments meilleurs! Puisse surtout la race nouvelle, qui surgit pour venger nos malheurs, apprendre, avant toutes choses, à respecter la règle et à se sacrifier au devoir!

Le sentiment du devoir est le seul guide qui n'égare personne : en dehors de lui, je conteste toute bravoure comme étant de mauvais aloi.

Les succès ne sont pas toujours faciles, et les hommes de devoir arrivent seuls aux succès chèrement achetés.

IX

Nous quittâmes Strasbourg le 3 août,
pour aller à Haguenau.

A quatre heures du matin, la division
débouchait sur la place Kléber, où son
état-major l'attendait.

Le général Raoult était là ; mais il nous
laissa partir sans lui parce qu'il était mandé
au grand quartier général pour y recevoir
ses instructions : il était convenu qu'il
nous rejoindrait au gîte d'étape, par le chemin de fer.

Malgré l'heure matinale, les habitants
étaient aux fenêtres pour nous regarder
défiler, ou dans la rue pour nous escorter
jusqu'au faubourg.

Il eût été difficile de voir une plus belle division.

Les imperfections de détail, connues de nous seuls et visibles seulement pour des yeux très exercés, n'étaient pas de nature à nuire au prestige qu'exerçait sur cette foule sympathique l'aspect martial et imposant de la colonne en marche.

En avant, la 9ᵉ compagnie du 1ᵉʳ régiment du génie attirait les regards par la belle stature de ses hommes et son uniforme éminemment national. On n'a presque rien changé à la tenue du génie depuis 1830, et l'on conviendra que ni les modifications apportées à celle des autres corps, ni les assemblages baroques de jaune, de rouge et de vert que l'on a inventés avec la garde impériale, ne sont faits pour lutter avantageusement contre les costumes traditionnels.

Après le génie, venait le 8ᵉ bataillon de chasseurs à pied, composé de plus de huit cents hommes et commandé par le brave

Poyet, sous les ordres de qui marchaient, pleins de confiance et d'ardeur, tant de jeunes et vigoureux officiers que nous ne devions bientôt plus revoir. Frœschwiller nous coûta en effet plus de la moitié de cet effectif en hommes de troupe, et quant aux officiers, trois seulement revinrent du champ de bataille : MM. Proust, capitaine ; Malpel, lieutenant, et d'Arthaud, sous-lieutenant. Le commandant Poyet tomba le premier, le cœur traversé d'une balle ; tous les autres furent tués, blessés ou prisonniers.

Les régiments de ligne, 36ᵉ et 48ᵉ, étaient aussi fort beaux, et la réputation du 2ᵐᵉ de zouaves me dispense de faire l'éloge de ce corps d'élite.

Enfin le 2ᵐᵉ tirailleurs algériens avait un succès fou. Tous les petits garçons de Strasbourg couraient, sautaient, se culbutaient, pour serrer la main d'un de ces soldats basanés et le saluer du « bono Turco » d'usage, auquel ces braves Africains répondaient toujours par ce gros sourire qui découvrait leurs dents blanches et faisait la jubilation de leurs petits amis.

Que d'espérances alors et que de vœux autour de nous ! Et cependant ce n'était pas sans tristesse et sans appréhension que ces bons Strasbourgeois nous voyaient partir. Ils devaient songer, et ils songeaient en effet, qu'en prenant la route de Wissembourg nous les laissions bien isolés, en face du pont de Kehl si facile à rétablir, et qu'ils avaient tant espéré que nous franchirions.

Je crois pouvoir affirmer de visu que les Alsaciens n'ont pas une grande sympathie pour les Badois, les *Badisches*, comme ils les appellent : combien donc leur enthousiasme eût été plus grand et plus joyeux s'ils avaient pu nous suivre jusqu'au Rhin ; si, du haut de leur citadelle et de leur cathédrale, ils nous avaient vus traversant Kehl et entrant dans les États de ce duc de Bade qui nous fait la guerre on ne sait trop pourquoi, puisque nous ne lui avions jamais refusé le tribut que réclament ses deux principaux ministères, la Roulette et le Trente et Quarante !

Ne pouviez-vous donc, ô le plus ingrat des ducs, vous contenter de cet agréable impôt et demeurer tranquille derrière votre petit fort de carton que nous avons toujours respecté comme un décor indispensable des rives sacrées du Rhin !

Nos trois batteries, dont une de mitrailleuses, étaient au complet et défilaient entre nos deux brigades.

A la queue de la colonne venaient successivement : les chevaux de main, les voitures d'artillerie, le trésor et les postes, l'ambulance et enfin les voitures régimentaires, dans l'ordre de marche des corps auxquels elles appartenaient.

Notre effectif atteignait neuf mille hommes et nous aurions presque formé un petit corps d'armée si nous avions eu notre régiment de cavalerie, représenté, pour le moment, par un brigadier et quatre hommes.

En revanche, comme un vrai corps d'armée, nous traînions nos *impedimenta;* et nous n'avions pas franchi l'enceinte de Strasbourg que les inconvénients s'en étaient déjà fait sentir.

La colonne avait à peine dépassé l'avancée, que des charrettes de paysan ayant tenté de profiter pour entrer dans le faubourg, d'une distance laissée par nos voitures, une de ces charrettes accrocha, sous le pont-levis, la roue d'un fourgon ; les conducteurs civils poussant dans un sens, les conducteurs militaires dans l'autre, une barricade de plus de cinquante mètres de longueur fut instantanément formée et il fallut s'arrêter court partout.

On mit plus d'une heure à se dépêtrer, en cassant ici et là une jante, un timon ou une traverse, chacun criant, s'agitant et pestant. Une des petites voitures de l'état-major sortit de la bagarre sans bâche et à moitié brisée.

C'était comme un présage de ce qui devait nous arriver plus tard si souvent, au grand préjudice de la rapidité des marches et de l'ordre dans les colonnes. L'état-major et beaucoup d'officiers ne furent pas sans y songer un peu : ils regrettaient déjà nos anciens mulets de bât. Quant aux soldats, ils ne firent qu'en rire. Pour des gens si pressés d'arriver à Berlin, le contre-temps était fâcheux sans doute, mais nullement capital : quelques coups de jarret et quelques coups de fouet de plus, et tout serait réparé, sauf la voiture de l'état-major, qui leur était plus qu'indifférente.

Nous poursuivîmes donc, sans plus de souci, notre route dans la direction que nous marquait la destinée.

Je ne me rappelle plus le nom du village où l'on déjeûna; mais je crois me souvenir, précisément parce que la campagne a commencé par l'exception, que nous avons déjeûné quelque part ce jour-là.

Mes lecteurs et surtout mes lectrices, si

ce petit livre a l'honneur d'être feuilleté par les dames, trouveront sans doute que je m'occupe un peu trop de déjeûners et de dîners ; mais il ne m'est pas possible de refuser à cette question prosaïque l'importance qu'elle a réellement à la guerre. Un soldat qui meurt de faim s'exalte difficilement au bruit du tambour, voilà le fait. Parlez-lui gloire, il vous répond tourne-broche ; toute la poésie du monde n'y ferait rien.

Du reste, vous avez dû remarquer, mesdames, combien vos maris sont exigeants, même en temps de paix, et quel cas ils font d'un bon repas alors qu'ils peuvent trouver auprès de vous tant d'autres satisfactions : ne vous étonnez donc pas outre mesure si le soldat, soumis à tant de privations, montre pour sa gamelle une sollicitude voisine de la tendresse.

Assurer la nourriture du soldat est un des premiers devoirs du général en chef aussi bien que de tous les officiers, et celui qui commande une armée doit vérifier lui-même, le plus souvent possible, pour ne pas dire chaque jour, si toutes les mesures ont été bien prises à cet égard par l'administration.

Quant aux officiers eux-mêmes, qui reçoivent, comme la troupe, les vivres de campagne, c'est à eux d'organiser leur subsistance et ils ne peuvent plus, aujourd'hui surtout, compter pour cela que sur leur propre industrie, ou sur le concours de leur délégué, le *chef de popotte*.

La *popotte*, pour l'officier, correspond à l'*ordinaire* pour la troupe. Un bon chef de popotte est la providence d'un bataillon ou d'un état-major. Quand personne ne s'offre pour remplir cet emploi, et c'est le cas général parce que les spécialités sont devenues rares, il est donné au plus jeune.

Cette règle a souvent des résultats déplorables, car la jeunesse est imprévoyante, dédaigneuse des détails, inexpérimentée en tout ce qui concerne la qualité et le prix des denrées, ignorante en cuisine et par conséquent incapable d'une surveillance efficace sur le soldat chargé de préparer et de faire cuire les aliments. Si beaucoup d'entre nous sont aujourd'hui encore maigres comme des harengs, malgré l'inaction forcée de la captivité, ils ont le droit de faire remonter à leur chef de popotte la responsabilité de ce fâcheux état physique si difficile à réparer avec les douze thalers de solde que leur alloue le roi de Prusse !

Dans l'état-major de la 3me division du 1er corps, ces importantes fonctions n'ayant été revendiquées par personne furent réglementairement dévolues au moins ancien des capitaines.

Fatale application des règlements ! Je n'ai jamais connu un homme poussant plus loin l'insouciance de tout ce qui avait rapport à la nourriture... des autres. Il n'a jamais su nous procurer qu'un saucisson que nous n'avons jamais vu, et que nous considérions comme un condiment fabuleux. Jamais il ne s'est trouvé à notre portée — je parle du saucisson — dans les moments où nous en avions le plus pressant besoin, et son existence réelle est encore à l'heure où j'écris, contestée par des officiers généraux dont l'impartialité ne peut être mise en doute.

Les reproches, les prières, les injures même méritées par cette incurie laissaient notre chef de popotte insensible comme un bloc de granit. Il était même si étonnant sous ce rapport que j'ai failli passer à son égard de la colère à l'admiration, le prenant pour un grand philosophe de la secte des stoïciens. Malheureusement pour sa réputation, nous avons découvert qu'il allait, dans les moments de notre plus grande détresse, mendier sa subsistance aux popottes voisines qu'il étonnait par son monstrueux appétit et qu'il égayait à l'aide de calembourgs atroces dont nos estomacs plaintifs lui fournissaient le sujet !

Je le voue à l'exécration de la postérité ;

mais, par un sentiment de réserve que l'on doit comprendre et qui tient aux mystères de l'esprit de corps, je ne veux pas le nommer : je le désignerai donc sous le pseudonyme de Lecomte.

Nous arrivâmes à Haguenau vers deux heures de l'après-midi. Les troupes campèrent sur les fortifications et l'état-major se logea dans les hôtels avec ses chevaux.

Nous reçûmes le soir même notre ordre de mouvement : il y était dit que nous irions établir le lendemain notre quartier général à Reischoffen.

X

Wiesbaden, 26 octobre.

Je n'aurai plus plus l'occasion de parler de Strasbourg.

Abandonnée à elle-même, cette ville a succombé malgré la bravoure de sa garnison, le dévouement de sa population et les efforts du général Uhrich.

Une lettre que le hasard vient de mettre sous mes yeux, dans un journal de France, donne sur l'agonie de la cité française des détails du plus haut intérêt historique.

J'interromps un instant mon récit pour reproduire ce document, en dehors du plan que je me suis tracé.

Strasbourg ! Uhrich ! deux noms inséparablement liés par l'infortune, justifieront, je l'espère, cette exception aux yeux de mes lecteurs.

« Bâle, 11 octobre 1870,

« Monsieur et cher Cousin,

« Votre lettre du 4 octobre m'est par-
« venue ici, hier soir seulement, et je le
« regrette.

« Je sais depuis longtemps qu'il n'y a
« pas loin du Capitole à la Roche Tarpéienne:
« j'en fais la triste expérience.

« Que l'on m'accusât d'insuffisance,
« d'impéritie, je le comprendrais ; mais
« de trahison, voilà qui est infâme. Est-ce
« envers la République et le gouvernement
« de la Défense nationale ? Mais c'est moi
« qui les ai fait reconnaître l'une et l'autre
« à Strasbourg.

« On comprendrait une trahison au dé-
« but d'un investissement ; mais après un
« siège de deux mois, après avoir vu brû-
« ler et renverser une ville, tuer ses habi-
« tants, décimer sa garnison, où pourrait
« se glisser la trahison ?

« La route de Strasbourg est ouverte :
« que l'on aille voir sa citadelle détruite,
« ses remparts labourés, son artillerie
« anéantie, ses ouvrages avancés intena-
« bles et deux de ses bastions en brèche ;
« que l'on s'arrête devant les ruines de
« ses monuments, devant celles de ses mai-
« sons ; que l'on se rende compte de la
« pluie de fer, de plomb et de feu qui cou-
« vrait tous les terrains militaires ; que
« l'on examine ces projectiles puissants et
« inconnus jusqu'ici que deux cents pièces
« de canon nous lançaient, et, loin de dire
« que la reddition de la ville a été préma-
« turée, l'on s'étonnera que la résistance
« ait été aussi prolongée ; que l'on ait pu
« soutenir pendant trente-huit jours et

« trente-huit nuits un bombardement sans
« précédent jusqu'à ce jour.

« La situation s'est compliquée par la
« perte de 35,000 fusées métalliques, in-
« cendiées avec l'arsenal de la citadelle, et
« que rien n'a pu remplacer.

« Malgré cela nous aurions pu tenir
« tant que le corps de place eût été intact ;
« mais, dans les derniers jours, les travaux
« d'approche de l'ennemi prirent une ra-
« pidité extraordinaire... il couronna nos
« chemins couverts, se fit des abris blin-
« dés pour protéger les troupes destinées
« à livrer l'assaut ; ouvrit deux brèches,
« l'une au bastion 12, praticable, et l'autre
« au bastion 11, que deux heures de feu
« allaient également rendre praticable.

« L'assaut était impossible à soutenir par
« nous.

« Les remparts et tous les abords fou-
« droyés par la puissante artillerie enne-
« mie n'eussent pas été tenables pour les
« défenseurs de la brèche qui, en moins

« d'une demi-heure, eussent été anéantis,
« et l'ennemi fut monté à l'assaut sans coup
« férir.

« Devions-nous — devais-je plutôt —
« exposer la malheureuse ville de Stras-
« bourg, qui déjà avait tant souffert, aux
« horreurs d'une ville prise d'assaut, alors
« que nous n'avions pas une seule chance
« favorable pour la résistance !

« Mon conseil de défense ne le pensa
« pas (et certes celui-là est inattaquable au
« point de vue de l'énergie). Consulté par
« moi, et après délibération étendue, il a
« déclaré à l'unanimité :

« 1° Que l'assaut ne pouvait pas être
« supporté avec chance de succès ;

« 2° Que le moment était venu de capi-
« tuler. »

« Le reste s'en est suivi.

« Oui, je le déclare hautement, oui
« l'honneur militaire est sauf.

« Attaqué par les braves du lendemain
« ou par des personnes qui ont cédé sans

« réflexion à une première impression,
« j'aurais voulu garder le silence ou atten-
« dre que la vérité se fît jour d'elle-même ;
« mais le mot : trahison, m'a créé un de-
« voir, celui de protester de toute l'énergie
« d'une conscience honnête et longuement
« éprouvée.

« Je livre une carrière de cinquante-deux
« années de services militaires aux inves-
« tigations les plus minutieuses, carrière
« que ne sauraient ternir les propos de
« quelques personnes mal renseignées ou
« malveillantes. J'aurais pu vous parler de
« l'incurie avec laquelle on a abandonné
« Strasbourg sans garnison, sans troupe
« d'artillerie suffisante, sans le plus petit
« détachement du génie ; j'aurais pu vous
« dire bien d'autres vérités encore, mais il
« me faudrait sortir du terrain de la défense
« personnelle où je désire rester.

« Faites, cousin, ce que vous jugerez
« convenable de cette trop longue lettre ;
« s'il m'est permis d'exprimer un désir,

« c'est de la voir livrer à la plus grande
« publicité possible.

« Recevez, etc.

« Général Uhrich. »

XI

Il n'y avait pas de place à l'hôtel de l'Europe où descendit le général de division.

Je trouvai un gîte à cent pas plus loin, dans une auberge où je pus installer mes chevaux : un officier monté songe à une écurie avant de s'occuper de sa personne. C'est un devoir de profession et cela devient un besoin du cœur, car on aime avec passion ces animaux courageux et résignés qui partagent nos dangers et nos fatigues.

Je n'eus pas la peine de me réveiller le lendemain, attendu que je ne dormis pas un instant dans la mauvaise chambre où m'avait relégué l'aubergiste.

Cette cahute donnait sur une cour infecte et, comme il faisait une chaleur étouffante, je n'avais que le choix entre la suffocation et l'asphyxie.

J'alternai entre ces deux supplices en ouvrant et refermant ma fenêtre chaque quart d'heure.

Je fus donc le premier à cheval et je traversai, pour aller prendre mon poste, la ville silencieuse.

Personne à Haguenau ne se leva pour nous voir partir, de même que personne ne s'était dérangé pour notre arrivée.

La population paraissait au moins indifférente et nous aurions pu la croire malveillante si nous avions basé notre jugement sur les procédés des hôteliers à notre égard.

Nous ne demandions pourtant rien sans argent, et je suis bien convaincu qu'aujourd'hui les officiers prussiens sont beaucoup mieux traités à Haguenau tout en payant infiniment moins. Si la discipline prussienne est sévère, ces messieurs trouvent dans leurs privilèges d'amples compensations à ses exigences. Partout les officiers prussiens ont le premier rang, et il est regrettable sous bien des rapports, qu'il n'en ait pas été de même en France. Il ne faut pas briser le piédestal d'une statue si l'on veut que cette statue ait du relief : en laissant déchoir ceux qui sont en sous-ordre, l'autorité militaire a baissé d'autant.

En Prusse et en Allemagne, il en est tout autrement : le commandement entretient avec le plus grand soin le prestige des officiers et veille sans cesse à leur bien-être.

Ainsi on m'a raconté qu'à Wiesbaden, chaque fois qu'un particulier obtient l'autorisation d'ouvrir un nouvel hôtel, on lui impose, pour un temps donné, l'obligation d'entretenir, à un prix minime, une table très bien servie, au bénéfice d'un certain nombre de militaires.

C'est sans doute exagéré et je sais qu'une telle mesure serait impossible en France ; mais ce système vaudrait encore mieux que celui qui consiste à toujours laisser l'infériorité à l'officier dans ses rapports avec l'élément civil.

Qui veut la fin, veut les moyens : si vous désirez avoir une bonne armée, sachez encourager ceux qui en font partie.

Le maréchal de Castellane a écrit ceci : « Chaque fois qu'un officier a une querelle avec un bourgeois, je commence toujours par mettre l'officier aux arrêts, et si ce dernier a tort, je double la punition. *Je m'en suis toujours bien trouvé.* »

— C'est très possible, Excellence, mais nous pas. Cette maxime a eu des approbateurs dans les rangs supérieurs de l'armée : c'est aussi fâcheux qu'injuste.

Comment voulez-vous que les armes soient en honneur dans un pays s'il suffit d'y porter l'uniforme pour y être impunément insulté ? Qu'au moins la loi soit égale pour tous et qu'en dehors de nos règlements spéciaux les tribunaux ordinaires prononcent seuls.

Cedant arma togæ, j'y consens ; mais ne soumettez pas un vieux général de division, qui a servi quarante ans son pays, à un jeune avocat, auquel vous faites, du jour au lendemain, une position énorme.

Quel raisonnement a pu conduire nos gouvernements à payer un préfet qui administre un département plus cher qu'un général qui commande une province ?

Pourquoi la République elle-même, qui vient d'abolir les gros traitements, donne-t-elle 50,000 francs au gouverneur civil de l'Algérie et 20,000 francs au gouverneur militaire?

En Prusse, tout le monde est soldat et l'élément militaire prime tout: concluez.

. . . .

Haguenau nous a laissé peu de bons souvenirs.

Nous nous mîmes en route par un temps

sombre ; la pluie , qui devait tant nous éprouver pendant cette campagne, commençait à tomber.

La pluie est un dissolvant : le moral des armées, qui se trempe au feu, se fond à l'eau.

On supporte la chaleur, on se défend contre le froid, on souffre du vent ; mais on meurt de la pluie.

La route se fit donc tristement ; à neuf heures nous étions à Reischoffen (4 août).

J'avais devancé la colonne pour faire le campement et le logement.

C'était jour de marché ; les rues, assez étroites, étaient encombrées de charrettes et les auberges pleines de paysans. Il me fut donc assez difficile de circuler et de me tirer d'affaire, d'autant plus qu'on ne parle guère le français à Reischoffen et que les quelques mots d'allemand qui sont en ma possession n'ont guère de rapports avec le patois du pays.

Je demandai M. le maire et l'on m'indiqua la mairie, qui est aussi la halle aux grains.

Je n'y trouvai qu'un petit greffier installé, au milieu des sacs, à une table boiteuse sur laquelle était une liste de renseignements illisibles. J'insistai pour parler au maire en personne et le greffier m'envoya enfin au château de M. de Leuze.

Là je trouvai un maire et je trouvai un homme.

M. de Leuze, qui nous a rendu ce jour-là bien d'autres services, se mit obligeamment à ma disposition et leva toutes les difficultés de détail relatives à l'installation de nos troupes et à la nôtre.

On m'avait à moi désigné pour gîte la maison d'un épicier, au coin de la grand'-rue et d'une impasse qui semblait s'abîmer dans les profondeurs du noir Tartare.

Le magasin, par lequel on entrait, donnait sur la grand' rue et les communs sur l'impasse.

L'architecte qui avait été chargé de la

construction de cet immeuble avait dû hésiter entre deux partis : maintenir l'écurie au rez-de-chaussée, c'est-à-dire au niveau de la grand'rue, ce qui laissait la porte à plus de un mètre au-dessus du sol de l'impasse ; mettre l'écurie sous terre comme la cave. Il s'était décidé pour le premier parti, par mesure hygiénique sans doute, comptant que les chevaux reconnaissants consentiraient à grimper les trois marches qui étaient devenues nécessaires pour relier le seuil au pavé.

Je mis pied à terre devant cet escalier et j'engageai Limousine, une jument tarbaise que je montais pour le moment, à franchir l'obstacle. Limousine qui était un peu aristocrate et volontaire, refusa complètement de répondre aux intentions bienveillantes de l'artiste reischoffennois ; et j'étais encore à discuter avec elle lorsque arriva la colonne. Je reçus, comme je le méritais, une semonce du général Raoult, étonné de ne m'avoir pas vu venir à sa rencontre, et je laissai à mes ordonnances qui m'avaient rejoint, le soin de résoudre le problème posé par l'architecte.

Chançard qui serait monté sur un clocher pourvu qu'il y sentît du foin et de l'avoine ; Chançard, qui par suite de son éducation rustique n'avait du reste aucun préjugé, s'engagea résolument sur l'escalier et alla s'étendre sur la litière, en attendant son repas. Les juments, jalouses de sa bonne fortune, le suivirent pour la partager. La solution était trouvée et je suis bien aise de rendre ce témoignage à la judicieuse prévoyance du constructeur, qui sera sans doute heureux, si ce livre tombe entre ses mains, d'y constater l'exactitude de ses calculs.

Quant au logis que m'offrit mon hôte, j'en fus émerveillé : ce n'était rien moins que ce qu'on appelle, dans nos petites villes de province, la *belle chambre*.

Un splendide canapé grenat, en velours d'Utrecht, y attirait d'abord les regards ; la paille des chaises dont il était entouré, comme un roi de ses courtisans, semblait un faisceau de rayons dorés.

En face du canapé se dressait, entre les deux fenêtres, une grande glace encadrée de mousseline ; et la console en marbre blanc, placée au-dessous, faisait d'autant plus d'effet que la cheminée était noire.

Enfin deux lits énormes, l'un avec des rideaux bleus et l'autre avec des rideaux jaunes, ne laissaient à un soldat fatigué que l'embarras du choix.

Quelle aubaine ! Je pris immédiatement possession en posant là tous les bagages que je portais avec moi, c'est-à-dire mon sabre et ma cartouchière, et je descendis pour aller rejoindre mon chef et veiller à l'installation du bureau. Nous n'avions pas fourni de situation depuis vingt-quatre heures et cela devait presser considérablement.

Dans la rue, je me heurtai au capitaine X... Le capitaine avait sa femme au bras !

Madame X... venait d'arriver en surmontant tous les obstacles, pour embrasser une fois encore son mari.

Le voyage entrepris par elle dans ce but était une véritable odyssée dont je regrette qu'elle n'ait pu me donner qu'une très faible idée, au milieu de la rue encombrée de troupes et de chariots. Il restait une dernière difficulté à surmonter, c'était de trouver un logement qui permît de jouir en paix de la journée ainsi conquise à l'affection conjugale.

— Attendez un instant, leur dis-je.

Je remontai dans la belle chambre, j'y pris mon sabre et ma cartouchière, et jetant un regard d'éternel regret sur les splendeurs promises, je revins aussitôt annoncer aux deux époux que le temple de l'hymen attendait ses hôtes fortunés.

J'espère que la postérité me tiendra compte de ce beau trait, et je ne crois pas manquer de modestie en réclamant à ce propos une petite place à côté de Scipion l'Africain.

6.

Ils n'en profitèrent pas ; car l'ordre nous arriva presque aussitôt de nous porter en avant sans le moindre retard, et Madame X... dut reprendre précipitamment le chemin de fer. Nous sûmes depuis qu'elle n'avait pu gagner Strasbourg qu'à travers mille dangers et non sans avoir bravé la fusillade des Prussiens : avis aux femmes qui veulent suivre à la guerre leurs maris de trop près !

Les circonstances devenaient graves : les troupes du général Douai, battues à Wissembourg, réclamaient un secours immédiat.

A peine nos chevaux avaient-ils mangé l'avoine que l'on repliait les petites tentes et que nous nous remettions en selle. La division devait marcher en éventail et aller s'établir la droite à Soultz-la-Forêt et la gauche à Guesponsart ; mais, une demi-heure après, les colonnes étant en route, un contre ordre nous enjoignit de nous concentrer à Frœschwiller, où serait notre quartier général.

Des officiers d'état-major s'élancèrent au galop sur les traces des généraux de brigade et parvinrent à les rejoindre en temps utile. Ceux-ci rallièrent à leur tour leurs régiments, à l'exception cependant de deux bataillons du 36e qui ne furent pas prévenus et qui restèrent à Soultz-la-Forêt.

Toutes ces allées et venues étaient de dures épreuves pour nos pauvres chevaux, surtout au début, et nous appréhendions fort d'être démontés avant d'arriver devant les Prussiens; mais il fallait marcher malgré tout et je crois que les chevaux, comme les hommes, trouvent des forces en présence de l'impérieuse nécessité.

Donc on marcha.

. . . .

Wiesbaden, 2 novembre 1870.

Nous venons d'apprendre ici la capitulation de Metz.

Quel coup terrible pour nôtre pays !

Cette nouvelle funeste a porté le désespoir dans le cœur des prisonniers français.

C'est aujourd'hui la fête des morts : est-ce donc là l'offrande que nous devons faire aux mânes de ceux qui ont péri à Frœschwiller et à Sedan !

On parle de trahison... ce serait trop infâme !

Je ne connais pas le maréchal Bazaine ; je sais seulement qu'il a la réputation d'être un homme très habile et très fin.

Hélas ! Il n'y a, selon moi, qu'une manière d'être fin et habile, c'est de marcher droit au but dans le chemin de la vérité et de l'honneur.

On ne relèvera la France qu'en suivant cette voie.

A quoi servent les diplomates puisque l'on correspond si facilement par la télégraphie et que les souverains peuvent causer entre eux de leurs intérêts, d'un pôle à l'autre, sans craindre les indiscrets ni les importuns ?

A quoi bon tous ces mystères dans nos relations extérieures, quand il suffirait de dire à notre pays : « La Russie, l'Angleterre demandent ceci et cela, voulez-vous y consentir ?... »

A quoi bon toutes ces ruses dans notre politique intérieure quand il serait si facile d'inscrire au *Journal officiel* ou de dire aux Chambres : « Le gouvernement est en présence de telle difficulté ; il croit devoir employer tel moyen pour la résoudre ; est-ce votre avis ? »

Oh ! la simplicité et la grandeur, qui nous y ramènera.

Combien de temps encore Dieu nous fera-t-il attendre l'homme de génie qui comprendra ces vérités élémentaires et qui fondera le pouvoir sur la vertu, la justice et le désintéressement ?

. . . .

XII

Un lieutenant-colonel de l'état-major
général vint à la rencontre du général
de division pour lui indiquer les emplacements que nous aurions à prendre le soir
même, en prévision d'une attaque pro-
chaine de l'ennemi.

Le Maréchal nous prescrivait textuellement de nous établir, la gauche à Gœrnsdorff, le centre à Frœschwiller et la droite
à Elsashausen, sur les hauteurs qui entourent le village de Wœrth.

Ces hauteurs dessinent une demi-circon-
férence dont la Sauer est le diamètre :
Gœrnsdorff, indiqué comme point d'appui
de gauche, étant au-delà de cette rivière,

le général Raoult crut d'abord à une erreur
dans la rédaction de l'ordre et en fit l'observation au colonel. Celui-ci répondit que
telles étaient positivement les instructions
qu'il avait reçu mission de nous transmettre. Le général n'insista pas, mais il
nous fit prendre cet ordre par écrit, afin
de mettre sa responsabilité à couvert.

Nous n'avions, du reste, entre nous tous
qu'une carte au 80,000^{me}, et nous aurions
été fort embarrassés de nous diriger, sans
M. de Leuze, qui était monté à cheval
avec nous et s'était offert à nous conduire.

Nous prîmes le trot, afin de devancer les
colonnes et de faire une reconnaissance
préalable. Nous fûmes bientôt à Frœschwiller. M. de Leuze nous fit traverser le
village et nous mena sur une éminence
d'où nous pûmes découvrir toute l'étendue du pays.

Devant nous, à deux kilomètres environ, la Sauer, cachée par les arbres, nous
était clairement indiquée par des mouve-

ments de terrain qui se rattachaient, sur l'autre rive, à une chaîne de hauteurs symétriques à celles que nous devions occuper. Nous apercevions, au centre de l'amphithéâtre qui se développait à nos pieds l'extrémité du clocher de Wœrth enfoui dans les profondeurs de la vallée ; derrière nous, les maisons de Frœschwiller s'étendaient en ligne protectrice, et le village de Elsashausen, groupé à quelques cents mètres sur la droite, pouvait être considéré comme une redoute détachée sur le flanc de cette barrière défensive.

Quant à Gœrnsdorff, il était situé, comme je l'ai dit, de l'autre côté de la rivière, au milieu des bois et à mi-côte des collines où se cachaient sans doute les Prussiens.

Les premiers mots du général Raoult furent ceux-ci :

— Il m'est impossible d'occuper Gœrnsdorff ; c'est trop loin de mon centre... le régiment que j'y enverrais, séparé de moi par la rivière, serait enlevé. Et, se tournant vers nous, il ajouta :

— Messieurs, vous êtes tous appelés à donner votre avis, car il convient de délibérer en commun avant d'adopter un parti définitif : quand ma résolution sera prise, je saurai l'exécuter. Faut-il, oui ou non, occuper Gœrnsdorff?

— C'est impossible répondirent d'une seule voix tous les officiers présents.

— Eh bien, Messieurs, reprit le général, c'est entendu. Il nous reste maintenant à nous conformer de notre mieux à l'esprit de l'ordre qui nous est donné, puisque nous ne pouvons le suivre à la lettre : cherchons !

Nous parcourûmes immédiatement le terrain en suivant les crêtes dans leur developpement circulaire; puis nous descendîmes jusqu'à Wœrth pour nous rendre compte de l'intérieur du demi-cercle, de même que nous en avions étudié le périmètre. En un mot, le général Raoult ne négligea rien de ce qui pouvait l'éclairer sur les meilleures dispositions à prendre.

Séance tenante, les emplacements de chacun des corps et de l'artillerie de notre division furent adoptés, le général nous demandant chaque fois si nous avions des objections à faire.

Chacun de nous, après cette reconnaissance, demeura convaincu que si nous étions bien appuyés à droite et à gauche, ainsi que le général en avait reçu l'assurance, la division serait inexpugnable dans les positions choisies. Il nous paraissait, en outre, évident que si les Prussiens s'engageaient, en masse, dans l'intérieur de l'amphithéâtre dont nos troupes allaient garnir le pourtour, ils y seraient écrasés par l'artillerie.

Aujourd'hui encore je persiste à penser que si tous les efforts étaient venus converger autour de nous et que si l'on avait dirigé les manœuvres et ménagé le tir de nos batteries avec cette idée bien arrêtée d'attirer l'ennemi dans l'impasse où nous l'attendions, nous serions restés maîtres du champ de bataille de Frœschwiller, pour ne rien dire de plus ; car nous comptions alors sur nos soldats comme ils comptaient sur nous et ils nous ont prouvé, pendant toute la journée du 6, qu'ils méritaient notre confiance, à quelques malheureuses exceptions près.

Je devais ce témoignage à la mémoire du général Raoult : c'est une grande consolation pour moi de pouvoir le lui rendre.

Notre reconnaissance s'acheva sans que l'ennemi, qui avait certainement des tirailleurs embusqués à notre portée, donnât signe de vie. Il est probable qu'il convenait aux Prussiens de nous laisser aller et venir, en toute sécurité, sous leurs yeux vigilants. Ce n'était pas à nous, du reste, qu'incombait l'obligation de voir les choses de plus loin : notre zone était limitée et nous n'avions à nous éclairer que dans cette zone.

Les brigades étant arrivées et réunies, les troupes furent immédiatement réparties sur leurs emplacements, où elles bivouaquèrent. On n'eut ni le temps ni les moyens de faire aucune distribution et les soldats durent avoir recours à leur approvisionnement de réserve, déjà fort entamé. L'intendance nous promit seulement des vivres frais pour le lendemain.

La nuit approchait quand nous rentrâmes dans Frœschwiller. M. de Leuze prit congé de nous devant le château de Mme de Turckheim et nous conseilla d'aller y demander l'hospitalité, nous assurant que nous y serions très cordialement reçus.

Nos chevaux tombaient de fatigue et nous mourions de faim ; nous suivîmes cet excellent conseil.

Devant l'église de Frœschwiller, la grand'rue du village tourne à angle droit et forme un carrefour. En se plaçant au centre de cette petite place et en faisant face du côté opposé à Wœrth, on a devant soi une belle grille en fer ouvragé. Cette grille, à travers laquelle on aperçoit les massifs du parc, s'ouvre sur une large allée qui fait le tour du corps de logis principal et aboutit à un escalier double dont le palier forme terrasse devant les appartements du rez-de-chaussée. A droite de la grille sont les communs, vastes écuries, remises et hangars, chambres de domestiques : il y a là de quoi loger un escadron.

Le bâtiment des maîtres est construit avec une riche simplicité : rien au dehors ni à l'intérieur n'y vise à l'effet. L'architecture en est élégante, sans ornements superflus, l'ameublement sévère, sans luxe de parade ; on y trouve l'utile et le confortable partout, on n'y voit le clinquant ni l'oripeau nulle part.

Un prince se contenterait d'un tel domaine ; un bourgeois pourrait y vivre modestement.

En approchant de cette demeure, on

sentait qu'elle était hospitalière : nous y pénétrâmes avec cette confiance.

Deux jeunes gens en costume de chasse vinrent au-devant de nous. L'un d'eux, qui paraissait avoir dix-sept ans au plus, descendait de cheval.

Il venait de faire une course à travers bois, du côté de l'ennemi : son joli et intelligent visage portait encore les traces de la juvénile ardeur qu'il avait déployée. Il avait rencontré les Prussiens et ne s'était soustrait à leurs poursuites qu'à force d'audace et de présence d'esprit.

Les deux frères inspiraient à première vue la plus grande sympathie : leurs mains se tendaient vers vous spontanément et franchement ouvertes : on les serrait sans hésitation et avec plaisir (1).

L'aîné prit la parole et dit au général Raoult que nous pouvions considérer la maison de sa mère comme nôtre.

(1) On ne perdra pas de vue la date à laquelle ces lignes ont été écrites : nous faisons toutes nos réserves à l'égard de ce qui s'est passé depuis l'annexion.

Le général mit aussitôt pied à terre et alla présenter à Mme de Turckheim ses hommages et les nôtres ; chacun de nous fut ensuite vaquer aux soins dont il était spécialement chargé. Nos montures furent mises dans les écuries ou dans les granges, et nos ordonnances, qui arrivaient avec les voitures, prirent possession des locaux laissés à notre disposition : en un quart d'heure tout le monde fut installé.

Restait à résoudre la grave question du repas.

— Songez-vous à notre dîner, dis-je à Lecomte ; qu'avons-nous à nous mettre sous la dent, nous et nos hommes ?

— Le dîner, répondit avec son grand sang-froid le chef de popotte, le dîner ? Il doit y avoir du pain... j'ai un saucisson...

— Du pain ? où cela ?

— Je ne sais pas au juste ; mais l'administration...

— Et le saucisson, où est-il ? Remuez-vous donc, morbleu !

— Le saucisson ! le saucisson !... il est sans doute dans la petite voiture, à moins que...

— Mais cherchez donc, de par tous les diables !...

Lecomte tourna les talons et j'allai aux informations : aucune distribution de pain n'était annoncée.

Je voulus alors ressaisir mon chef de popotte ; il avait disparu.

Autour de moi les ordonnances et les secrétaires faisaient une figure d'une aune et montraient des dents d'une longueur inquiétante : ils ne possédaient que deux ou trois biscuits et un peu de lard. Je n'y pouvais rien ; je les engageai à faire comme moi, à chercher, et je leur distribuai de l'argent.

Je tournai autour du château et je pénétrai dans le vestibule.

Là j'entendis le bruit séduisant que font les cuillères et les fourchettes au contact de la porcelaine.

Je fis un pas de plus, je passai la tête par une porte entrebâillée, et je vis...

On ne le croira pas !

Je vis, à table, presque à côté de la maîtresse de la maison, l'infâme Lecomte enfouissant les morceaux doubles dans sa bouche monstrueuse !

L'indignation me poussant, le potage m'attirant et le diable aussi me tentant, j'entrai.

— Veuillez m'excuser, dis-je à Mme de Turckheim, je cherchais notre chef de popotte. Le traître est ici pendant que nous mourons de faim. Il faut que je l'en chasse, car il mettra votre garde-manger à sac et votre cave à sec. Je ne demande qu'une récompense, c'est de lui succéder.

— Entrez, monsieur, répondit gracieusement la châtelaine, il y a place ici pour le traître et pour vous.

Je ne me fis pas répéter l'invitation et j'allai m'insérer entre un général et Lecomte, à qui j'allongeai un coup de coude bien mérité. Ma vengeance le laissa impassible et il continua son orgie de nourriture.

On dîna rapidement et aussitôt après le général Raoult nous emmena tous au salon, converti en bureau, pour y travailler.

Pendant que nous nous occupions à expédier la besogne la plus pressante, il s'absorba dans la lecture d'une lettre que venait de lui envoyer le général Ducrot. Ce dernier demandait à relever, dans les postes que nous venions de prendre, la troisième division, qui aurait occupé une autre position défensive.

Je n'ai pas lu cette lettre qui était appuyée sur des motifs plus ou moins plausibles, mais j'ai vu la réponse qu'y fit le général Raoult, pour décliner la proposition de son collègue.

Ce ne fut pas sans avoir examiné sous toutes ses faces le projet qui lui était soumis que le général Raoult prit le parti de le rejeter.

Quelles que fussent les raisons présentées à l'appui, on conviendra qu'il était fort difficile, sinon impossible, de déplacer au milieu de la nuit des troupes fatiguées par une longue marche. Cette opération aurait eu plus d'inconvénients encore au point du jour, à l'heure où l'ennemi fait ses reconnaissances ou se décide à attaquer ; enfin, l'ordre du maréchal, qui avait assigné à la troisième division les positions qu'elle occupait, était trop formel pour qu'il fût permis de le modifier d'une manière aussi radicale et sans autre avis. Nous perdions, en outre, en nous déplaçant, tous les avantages que nous étions en droit d'attendre de la connaissance parfaite que nous avions acquise de notre terrain.

Le général Raoult exposa toutes ces considérations dans sa réponse, qu'il me fit l'honneur de me montrer.

Je ne pus qu'approuver de toutes les forces de ma conviction le fond et la forme de cette lettre, dans laquelle se révélaient, à chaque ligne, l'abnégation, la bonne camaraderie, le désir du bien commun, mais en même temps le juste sentiment de la responsabilité et du devoir militaire.

— Si j'étais certain, me disait-il, que le plan de Ducrot dût être adopté quand même, dans l'intérêt général, je céderais à mes risques et périls et sans me soucier le moins du monde de jouer ou non un rôle secondaire ; mais convient-il au double point de vue de cet intérêt même et de la discipline, que j'accepte la direction et que je me range aux avis d'un officier général plus jeune que moi, sans consulter le maréchal à qui je dois, avant tout, obéissance ?

— Non, mon général, mille fois non ! lui répondis-je ; votre droit et votre devoir sont ici d'accord pour refuser : personne ne saurait avoir un doute à cet égard.

Malgré tout, le général Raoult était fort tourmenté.

Désintéressé jusqu'à l'immolation, il fouillait son cœur dans ses plus secrets replis, de crainte d'y abriter un sentiment personnel. La plus dévote pénitente du moins tolérant des confesseurs n'eût pas scruté sa conscience timorée avec plus de soin qu'il n'en mettait à examiner, sous ce rapport, chacun de ses actes et chacune de ses pensées. Il poussait même beaucoup trop loin ses scrupules, puisqu'il en souffrait sans utilité réelle.

Nous passâmes, dans ces agitations intimes, une très mauvaise nuit et ce fut avec un vrai soulagement que je saluai le jour : il est des circonstances où l'action devient un repos.

J'allumai un cigare pendant que mon général s'assoupissait sur un fauteuil et j'allai voir lever l'aurore aux abords du village (5 août).

Le château est situé, comme je l'ai indiqué plus haut, au sommet de l'angle formé par les deux branches de la grande rue. La Sauer barre celle de droite, prolongée par la route de Wœrth, et nous avions à défendre le terrain qui s'étend, entre ces deux limites, jusqu'aux bois qui descendent de Frœschwiller sur la rivière, en face de Gœrnsdorff.

Immédiatement à notre gauche, dans l'enceinte du village, bivouaquait le 8ᵉ bataillon de chasseurs, ou du moins la partie que nous en avions gardée comme réserve ; à notre droite était la 1ʳᵉ brigade avec une batterie d'artillerie, celle-ci à cent mètres environ des maisons, sur une plate-forme.

J'allai d'abord dans la rue, à gauche, voir le bataillon de chasseurs. Les soldats qui n'étaient pas de piquet commençaient seulement à aller et venir. Ils étaient de médiocre humeur, n'ayant pas mangé la veille et n'entendant pas parler de distribution. Résignés cependant et disciplinés comme l'a été durant toute la campagne ce bataillon d'élite, ils ne murmuraient pas, mais leurs regards m'interrogeaient. J'en abordai quelques-uns et je crus pouvoir leur promettre une meilleure journée : on attendait le Maréchal; on pourvoirait à leurs justes besoins.

Ces braves gens me crurent ou, s'ils doutaient, affectèrent de me croire, car ils savaient que j'étais de bonne foi.

De là, je me rendis à la batterie de droite. On y travaillait; on perfectionnait une grande traverse destinée à abriter les pièces. Malheureusement cette traverse faisait face à droite et en arrière de nos positions : la nuit et l'incertitude des directions utiles avaient causé cette erreur. Je la fis remarquer au général L'Hérillier, qui faisait sa tournée et je rétrogradai jusqu'au château pour appeler l'attention du général Raoult sur un travail qui pouvait entraîner à de fausses manœuvres. Ce dernier vint avec moi sur le terrain où il plaisanta plutôt qu'il ne gronda les officiers d'artillerie.

Déjà le soleil était monté sur l'horizon ; de gros nuages luttaient contre ses rayons d'un rouge terne. Nous revenions en causant lorsqu'un tumulte subit mit tout le monde en émoi. Deux gendarmes accouraient de Wœrth à bride abattue et criaient : Les Prussiens ! les Prussiens !

Les habitants fermaient leurs portes ; des soldats fuyaient en tous sens à travers les rues ; les chasseurs à pied prenaient les armes en toute hâte.

C'était une alerte qui menaçait de devenir une panique.

Ces malheureux gendarmes avaient été, à moitié vêtus, faire boire leurs chevaux dans la Sauer. Ce qu'ils y avaient vu ou cru voir, nous n'en savions rien, mais nous comprenions que ces deux fuyards allaient causer un désordre regrettable.

Ils nous passèrent presque sur le corps ; doublant le château, traversant le bataillon de réserve et fuyant toujours, ils poursuivirent haletants leur course effrénée et furent bientôt plus près de Reischoffen que de Frœschwiller.

Nous montâmes aussitôt à cheval et nous prîmes, au pas, la direction de Wœrth. Notre présence et notre air tranquille arrêtèrent les premiers effets de cette misérable équipée ; mais ce qu'elle eut de fâcheux et ce qu'on ne pouvait prévoir fut que ces deux poltrons rencontrèrent près de Reischoffen le convoi de vivres qui nous était expédié, y jetèrent la terreur dont ils étaient affolés et furent cause qu'il rétrograda.

Le calme se rétablit à Frœschwiller, mais les distributions ne s'y firent pas. Il nous restait, il est vrai, les ressources locales ; mais les habitants, plus méfiants et avares que bons patriotes, avaient tout caché et se refusaient à rien livrer, quoiqu'on leur offrît de payer d'avance. Tristes précautions, du reste, car le lendemain le village s'abîmait dans l'incendie ! Pour ma part, je vécus ce jour-là de chocolat et d'eau plus ou moins claire ; nos malheureux troupiers furent donc réduits à un jeûne rigoureux.

Le Maréchal était arrivé et s'était installé au château avec tout son état-major ; Mme de Turckheim disposa en faveur de ces nouveaux venus des approvisionnements qui lui restaient et nous leur cédâmes naturellement le pas et aussi le repas.

Son Excellence, dont les projets nous étaient entièrement inconnus, nous donna tout d'abord l'ordre de faire rétrograder nos bagages sur Reischoffen. Une demi-heure après, contre-ordre et nos voitures rentrèrent. Enfin nos dernières instructions furent celles-ci :

« Demain repos ; double distribution de « pain, viande, sucre et café ; nettoyage « des armes. »

On se résigna et chacun se disposa de son mieux à lutter pour le moment contre la faim puisqu'on ne devait pas lutter contre d'autre ennemi. La journée se passa et l'heure arriva d'appliquer le fameux proverbe : « qui dort, dîne. »

Le soleil, définitivement vaincu par les nuées orageuses, disparut derrière les bois et une pluie diluvienne vint ajouter à nos épreuves ce qu'il y manquait pour nous offrir l'occasion d'atteindre à la perfection en fait de patience.

Le lendemain 6 août, au point du jour, le Maréchal était sur le perron du château avec le général Raoult, quand je sortis de l'écurie où j'avais eu le privilège de passer une partie de la nuit côte à côte avec Chançard.

Pauvre Chançard ! je le réclame en vain, depuis cette fatale veillée des armes, et j'ai la douleur de penser qu'il a été mangé à Strasbourg ou à Bitche !

J'allai prendre les ordres du général Raoult et je fus chargé par lui de donner immédiatement les avis nécessaires pour un mouvement de retraite sur Niederbronn, où l'on occuperait de nouvelles positions défensives.

Au même moment arrivait des avant-postes un premier rapport qui fut remis au Maréchal. « Rien de nouveau » disait ce rapport, selon la formule qui s'écrit ainsi, tant elle est ordinaire : « R. d. N. » « Rien de nouveau, sauf que l'on a entendu « un roulement assez prononcé de voitures « devant la gauche de nos lignes. »

Son Excellence confirma ses ordres de retraite, et j'allais les faire exécuter, lorsqu'un officier de cavalerie, que je rencontrai dans le parc, me pria de le conduire au Maréchal. Cet officier signalait un parti de hulans en avant de Wœrth. Je le présentai comme il le désirait et il fit devant moi son rapport verbal.

Le Maréchal l'écouta, le remercia et lui donna congé.

— Les Prussiens, nous dit-il ensuite, veulent m'attirer en avant; mais je sais qu'ils sont en nombre très supérieur et je ne donnerai pas dans le piège.

Je me retirai une seconde fois, mais je

rencontrai encore un autre officier que je présentai comme le premier.

Il annonça au Maréchal qu'un escadron ennemi entrait dans Wœrth.

— Vraiment ! s'écria le Maréchal, ils sont là ! vite à cheval, nous allons les *pincer*.

Il appelle ses gens, on lui amène son cheval, il saute en selle et part au galop, sans s'inquiéter s'il est suivi.

Le général Raoult s'élance sur ses traces ; je cours moi-même à l'écurie, j'enfourche Limousine et je me précipite à leur suite ; ceux de mes camarades qui sont prêts m'imitent.

A travers champs, par monts et par vaux, sur le sol détrempé par la pluie, nous allons ventre-à-terre ; c'est une course frénétique.

Enfin nous rejoignons notre général, que le Maréchal a déjà renvoyé à sa division.

Ensemble nous revenons, par la lisière des bois, sur la gauche du village.

Dès que nous avons atteint la hauteur,

les Prussiens nous aperçoivent et nous font les honneurs de leur premier obus : le projectile, admirablement lancé, tombe et éclate au centre de notre groupe, mais sans blesser ni hommes ni chevaux.

Un second coup suit, puis un troisième.

La fusillade éclate au fond du ravin.

La bataille de Frœschwiller était engagée.

XIII

RAPPORT OFFICIEL

SUR LA BATAILLE DE FRŒSCHWILLER

ADRESSÉ A S. EXC. LE MARÉCHAL, COMMANDANT LE 1ᵉʳ CORPS D'ARMÉE DU RHIN, PAR LE GÉNÉRAL COMMANDANT PROVISOIREMENT LA 3ᵐᵉ DIVISION D'INFANTERIE.

« Dans la soirée du 4 août, la division Raoult arrivait à Frœschwiller, en vertu d'ordres émanant du Maréchal commandant le 1ᵉʳ corps, pour y prendre position entre le village de Gœrnsdorff, qu'elle devait occuper par sa gauche, et l'extrémité d'une ligne de hauteurs qui, passant par Frœschwiller, traversent Elsashausen et aboutissent à la rivière de la Sauer.

La division, forte d'environ 9,000 hommes, n'avait pas eu le temps de rallier deux bataillons du 36ᵉ de ligne qui, dirigés vers Soultz-la-Forêt, en vertu d'ordres antérieurs, ne purent concourir à l'action commune, au grand regret du général.

Devançant ses colonnes, le général Raoult avec son état-major, fit une reconnaissance détaillée du terrain.

Frœschwiller était le centre de la position, sur un plateau.

A droite et à gauche, ce plateau se recourbe et les pentes qui en descendent forment un vaste entonnoir de chaque côté de la route qui mène de Frœschwiller à Wœrth.

Wœrth est en bas.

La Sauer est le diamètre de ce grand amphithéâtre boisé vers notre gauche, garni de vergers vers notre droite.

Mais le village de Gœrnsdorff se trouvant au delà de la Sauer, sur le revers des coteaux qui s'étendent le long de la rivière et en face des positions que nous avions à garder, il fut constaté qu'il était trop éloigné de notre centre pour pouvoir être occupé par nous.

Le général décida en conséquence que sa gauche resterait en deçà de la Sauer, sur les crêtes boisées qui se terminent en éperon vis-à-vis de Gœrnsdorff ; sa droite s'établissant sur les prolongements circulaires du même terrain, en avant de Elsashausen, comme c'était l'ordre.

Les troupes furent réparties, immédiatement après cette reconnaissance, sur les positions indiquées et de la manière suivante :

A Frœschwiller, la brigade L'Hérillier (1re), comprenant le 2e zouaves, dont la droite était à Elsashausen, et un bataillon seulement du 36e de ligne, qui fut placé à la gauche des zouaves. Ce bataillon reçut, sur le terrain même, environ cinq cents hommes de la réserve auxquels on dut enseigner, séance tenante, la manœuvre du chassepot.

Ce renfort fut plutôt un embarras qu'un secours, à cause de son manque d'instruction et du peu de fermeté qu'il montra dès le début.

La 5ᵉ batterie du 12ᵉ d'artillerie prit position avec cette brigade, à droite de la route qui conduit à Wœrth.

Le général Lefebvre (2ᵉ brigade) établit à l'extrême gauche, dans les bois qui couronnent l'éperon dont nous avons parlé, le 2ᵉ régiment de tirailleurs algériens, prolongé, suivant les contours du terrain, jusqu'auprès de Frœschwiller, par le 48ᵉ de ligne.

Les tirailleurs faisaient à la fois face à Gœrnsdorff, en avant, et face à Wœrth, à droite. En même temps ils devaient surveiller attentivement leur gauche, car de ce côté la lisière du bois qui les cachait contourne une prairie par laquelle l'ennemi pouvait déboucher, derrière des bouquets d'arbres, et en se glissant, par des chemins creux, jusqu'à cette lisière.

Le général Raoult avait reçu l'assurance que la présence de la division Ducrot rendrait, dans cette direction, toute surprise impossible.

Le 48ᵉ de ligne, adossé au bois, plongeait sur Wœrth et pouvait balayer tout le ravin de ses feux.

Le danger qui existait pour la gauche du 2ᵉ tirailleurs se reproduisait donc pour les derrières du 48ᵉ; mais la division Ducrot était chargée d'y pourvoir.

Une batterie de mitrailleuses, cachée sur une éminence, au centre du 2ᵉ tirailleurs, devait donner à cette partie de la défense une force énorme.

Le 8ᵉ bataillon de chasseurs était en réserve dans le village, sauf deux compagnies commises à la garde de la 5ᵉ batterie du 12ᵉ avec la brigade L'Hérillier.

La journée du 5 se passa à se consolider dans ces positions. L'ennemi multiplia ses reconnaissances. Un officier prussien, qui était venu nous observer de trop près, fut

8.

blessé par nos tirailleurs et abandonna, en fuyant, une carte d'état-major français, qui fut ramassée par les nôtres.

Le 6, les reconnaissances poussées, dès la pointe du jour, au-delà de Wœrth, n'avaient rien signalé qu'un bruit assez prononcé de canons roulant vers notre gauche, et le général Raoult avait ordre de se replier sur Niederbronn, lorsque de nouveaux renseignements déterminèrent le Maréchal à revenir sur sa décision.

On résolut donc de garder les positions occupées et bientôt, vers sept heures du matin, les Prussiens nous y attaquèrent.

Aux premiers coups de canon, le général Raoult fut convaincu que sa gauche n'était pas couverte : des tirailleurs ennemis, et, en arrière, des réserves déjà visibles, avançaient par la prairie que borde le bois.

En outre, à peine la 6ᵉ batterie du 12ᵉ, qui avait été placée à gauche de Frœsch-willer de manière à voir cette prairie, eut-elle ouvert son feu, que des batteries prussiennes établies, à plus de 3,000 mètres, sur des crêtes formant le second plan de l'horizon au-delà de la Sauer, ripostèrent par un tir d'une précision redoutable et, nous prenant à revers, couvrirent le terrain de projectiles creux d'un gros calibre.

Dans le groupe même de l'état-major, deux obus éclatèrent sans blesser ni hommes ni chevaux, le sol, détrempé par la pluie qui était tombée toute la nuit, absorbant en partie les éclats.

Le général Raoult ne voyant pas entrer en ligne la division Ducrot fit amener contre le bois les quatre compagnies du 8e bataillon de chasseurs restées dans le village.

Un officier de son état-major alla, par son ordre, prévenir le maréchal de ce que notre position avait de défectueux et en obtint, comme renfort, le 78e de ligne, qui entra dans le bois à son tour.

Déjà la bataille se dessinait.

Simultanément chargé en tête et sur ses

flancs, le 2ᵉ tirailleurs résistait avec énergie et le 48ᵉ faisait face de deux côtés, assailli par Wœrth, assailli par le bois.

De son côté, la brigade L'Hérillier faisait des efforts surhumains et repoussait les Prussiens dans Wœrth; mais le 2ᵉ zouaves perdait beaucoup de monde.

Nos mitrailleuses avaient dû quitter l'éperon; mais nos deux batteries, de chaque côté de Frœschwiller, soutenaient dignement la lutte.

En même temps nos réserves d'artillerie, réunies en avant du village, ripostaient énergiquement aux nombreuses batteries que l'ennemi avait disposées, en plusieurs étages de feux, parallèlement à la Sauer, pour tirer sur l'ensemble de nos positions.

La lutte devenait acharnée, meurtrière.

A gauche, la brigade Lefebvre se fait tuer sur les emplacements qu'elle a juré de conserver; à droite, la brigade L'Hérillier se rue sur les Prussiens, s'avance jusque dans Wœrth, recule sous le nombre, avance encore...

Efforts grandioses mais inutiles ! Nous n'avons pas de renforts et les masses ennemies se renouvellent sans cesse.

Bientôt le feu de nos réserves d'artillerie s'éteint, faute de munitions, et l'on y sonne : « Cessez le feu. »

Il est quatre heures, la journée est perdue ; mais notre division en tirailleurs lutte pendant plus d'une heure encore, avec un indomptable courage, défendant pied à pied le bois, les vignes et enfin Frœschwiller incendié par les projectiles ennemis.

La 9ᵉ compagnie du 1ᵉʳ régiment du génie, sous son brave chef le commandant Lanty, s'est en vain efforcée de mettre le village en état de soutenir un dernier assaut : les créneaux pratiqués dans les maisons, les palissadements, les abris masqués avec des branchages, rien ne peut servir au milieu de l'embrasement général.

Nos blessés périssent dans nos ambulances

non épargnées : intendants, médecins, au-
môniers, tout est tué, blessé ou pris.

Il faut évidemment et décidément battre
en retraite et nous pouvons constater, en
nous groupant en arrière de Frœschwiller,
toute l'étendue de nos pertes.

Un trop petit nombre d'officiers reste
pour rallier et diriger les héroïques défenseurs de Frœschwiller.

Le général Raoult a résisté à toutes les
sollicitations et s'est refusé à faire un seul
pas en arrière : il tombe, et reste au pouvoir de l'ennemi.

La division épuisée se retire par la route
et par les chemins qui mènent à Reischoffen, escortant son artillerie heureusement
entière, sauf une pièce perdue, et recevant,
sans précipiter sa marche, les obus que les
Prussiens lui lancent des hauteurs latérales,
jusque au-delà de Niederbronn.

La nuit met un terme à cette poursuite
acharnée ; mais les bagages des officiers,
plusieurs caisses régimentaires et en un

mot, tout le matériel qui avait été dirigé sur Haguenau, sont perdus pour nous.

A Reischoffen, un ordre mal interprété fait diriger une partie des troupes sur Bitche et rend la dispersion plus considérable qu'elle ne l'eût été. A Saverne seulement, nous avons pu reformer un premier noyau, autour duquel chacun vient successivement se grouper.

XIV

Notre division a été battue parce que nous n'étions soutenus ni à droite ni à gauche et que nos communications n'étaient pas assurées : voilà ce que ce rapport ose dire franchement au Maréchal.

Or, pour tous ceux qui savent dans quel esprit les rapports de ce genre sont ordinairement rédigés, cette franchise est une preuve suffisante de la réalité des faits.

A qui la faute ? Je l'ignore.

Je ne suis lié par la reconnaissance envers personne; car je n'ai jamais été l'objet, de la part d'aucun grand personnage, ni d'une faveur, ni même d'une marque d'intérêt. Je n'ai pas non plus à me plaindre directement de qui que ce soit : ce que la loi m'attribuait ou ce que les grandes convenances commandaient de me donner, je l'ai eu.

Aucune raison personnelle ne me pousse donc à me faire apologiste ou accusateur ; je suis en position d'être impartial et, quand je doute, je m'abstiens.

Mais ici j'affirme qu'il y a eu une faute commise, et une faute d'autant plus grande que nos armes venaient déjà de recevoir un échec grave qui aurait dû servir de leçon aux présomptueux.

A Frœschwiller, nos soldats se sont bien conduits toute la journée. Le 8ᵉ bataillon de chasseurs, le 2ᵉ zouaves, les tirailleurs et le 48ᵉ de ligne ont poussé le courage jusqu'à l'héroïsme : la liste de nos pertes en fait foi.

Ce n'est que plus tard, quand toute illusion fut détruite et tout espoir à peu près perdu, que les mauvais ferments ont produit leurs pernicieux effets dans notre division

et dans tout le corps d'armée, où nous
avons trouvé l'indiscipline alors que nous
avions plus que jamais besoin de dévouement et d'abnégation. Jusque-là personne
n'était en droit d'accuser ni la troupe, ni
les officiers, ni les généraux en sous-ordre.

A quelles causes nos revers doivent-ils
donc être attribués ? Ces causes, j'ai déjà
eu l'occasion de les signaler en partie ; je
vais essayer de les résumer dans une rapide analyse...

Levons d'abord les yeux en haut.

Pour tous ceux qui pensent, avec Pas-
cal, que « l'homme s'agite et que Dieu le
mène », jamais l'intervention divine ne fut
plus nécessaire qu'elle ne l'était en France,
au moment où éclata la guerre formidable
et absurde dont nous sommes aujourd'hui
les victimes.

Nous étions en pleine décadence, et voici
les trois beaux types que nous possédions
pour représenter la société française :

Le petit crevé ;

La cocotte;

Le voyou.

Le petit crevé, avec ses costumes anglais, son bacch', son bégaiement cynique de mots impertinents et de sottes plaisanteries ;

La cocotte, au hideux et ridicule maquillage, sortie des carrefours et singeant le luxe des palais ; détestant, blasphémant, maudissant et raillant tout ce qui est beau, tout ce qui est honnête, tout ce qui est vrai ; diable ayant à peine l'apparence d'une femme, et, qui pis est, vilain diable ;

Le voyou, je vous le présente : « Ohé Lambert ! Et ta sœur !... Ah zut alors... » et rien de plus.

Ces mœurs déplorables déteignaient sur tout.

Elles avaient envahi la littérature et les arts. Chose monstrueuse, on devenait bête en France ! Les livres les plus stupides, les chansons les plus sales y avaient du succès et leurs auteurs roulaient carrosse.

En un mot, la France était malade jusqu'à la mort.

Dieu s'est fait médecin.

Nous voilà guéris, mais non sans souffrances atroces.

Plus que jamais, heureusement, nous voyons la main de la Providence partout.

Dieu qui nous a châtiés, ne laissera pas impuni l'effroyable orgueil de ceux qu'il a suscités pour être les instruments de sa colère.

Déjà Bismarck s'étonne, étonnement naïf! d'avoir fait surtout les affaires de la Russie.

L'Allemagne va se dégriser.

L'Angleterre, qui nous a trahis, mourra peut-être dans ses remords : repentir tardif, punition fatale !

L'Italie raille, elle pleurera.

L'Autriche, qui semble impuissante, suivra le torrent qui l'entraîne.

La Turquie se souviendra trop tard que nous l'avons sauvée.

Ce que fera la Russie, nul ne peut le prévoir ; mais ce que la Prusse accumule de haines et de malédictions, le monde entier le sait ! La Prusse périra.

L'Europe est menacée d'une conflagration générale : il y aura des ruines partout, du sang partout, des larmes partout.

Qu'un nouveau Jérémie surgisse, il n'aura pas assez de lamentations pour tant de maux.

Le livre de l'histoire est ouvert ; mais personne ne sait y lire.

Les peuples sont conduits, depuis des siècles, comme de vils troupeaux.

Qu'ils tournent de nouveau les yeux vers la France, c'est encore là qu'est le salut.

XV

Après Dieu, l'Empereur : après le principe, la cause.

Aujourd'hui le suffrage universel a déplacé les responsabilités. En France, c'est le peuple qui est responsable du souverain.

Nous avions fait l'Empire : jamais manifestation plus éclatante n'avait porté un homme sur le pavois.

Nous souffrons pour l'Empire ; nous étions solidaires.

Tout pour les courtisans et tout pour la populace ; pour ce qui est au milieu, c'est-à-dire pour le peuple, le vrai peuple, rien ! Des roués qui spéculent, des déclassés qui menacent et, entre les deux, des bourgeois qui paient et qui tremblent : telle est la machine qui chez nous a fonctionné vingt ans.

Beaucoup d'adulation, beaucoup de police, beaucoup de grèves : voilà l'Empire.

De là le double déchaînement des ambitions malsaines et des passions subversives.

Une crise survient, l'Empire s'écroule : c'était prévu.

Mêmes abus dans l'armée.

Des dignitaires qui ne font rien ; des soldats-électeurs auxquels on n'ose plus rien demander ; l'avancement livré aux courtisans ou abandonné aux filles ; un prince qui barbouille des uniformes, un ministre qui griffonne des conférences ; des arsenaux encombrés de petites voitures et vides de canons : voilà l'armée.

Du personnel, nul souci.

Monseigneur échange une cure contre une lieutenance avec Mme la Maréchale ; Brididi fait des colonels, et tel que nou avions laissé capitaine à Paris y est devenu général pendant que nous allions en Crimée, en Italie, en Chine, en Syrie, au Mexique !

Jamais on n'avait poussé plus loin le mépris des hommes.

Le péril est venu ; les hommes ont fait défaut : c'était prévu encore.

Chose bizarre ! Tous nos gouvernements caressent l'armée et aucun ne prend le vrai moyen d'être aimé d'elle, qui est de la respecter. Or on la respecte en s'efforçant d'être juste : une faveur accordée à l'intrigue est un soufflet donné au mérite.

Si j'étais souverain, je briserais comme verre un ministre qui aurait sciemment fait faire un passe-droit.

Je consacrerais un jour par trimestre, que ce fût ou non bientôt ma fête ou celle de ma femme, au travail des promotions et des récompenses.

Ce jour là, M. le secrétaire d'État viendrait dans mon cabinet avec ses contrôles,

8.

ses notes et ses propositions. J'examinerais
la liste des candidats et si, à mérite égal,
Pierre était plus ancien que Paul, je nom-
merais Pierre, à moins qu'il n'y eût une
raison péremptoire, telle que l'âge ou l'incapacité, pour que Pierre ne pût franchir
l'échelon. Dès lors Pierre saurait qu'il n'a plus
rien à attendre et il en prendrait son parti.

Avec cette simple et unique méthode,
j'arriverais à être impartial et l'armée
m'adorerait.

L'émulation, l'ordre, le travail et la discipline y règneraient ; j'y honorerais le
talent et je n'en bannirais pas l'esprit. Le
génie en haut, la bonne volonté en bas,
le dévouement partout : voilà ce que j'aurais bientôt obtenu.

Et le jour où l'ennemi menacerait nos
frontières, nous marcherions tous ensemble
à sa rencontre, avec cette force à laquelle
rien ne résiste, la Foi !

Quelle utopie ! Je crois que je rêve.

Si j'étais Roi ! . . . .

XVI

Descendons encore quelques échelons de la hiérarchie.

Quand Gouvion Saint-Cyr a voulu instituer le corps d'état-major, il a dû se faire le raisonnement suivant :

— Tous les généraux ne sont pas des aigles comme l'*Autre* ; j'en connais même qui auraient perdu la bataille d'Austerlitz dans les conditions où elle a été gagnée. Entourons-les d'un conseil permanent et capable. Composons-le d'hommes jeunes, vigoureux et parfaitement instruits. Qu'il soit sous la main des généraux pour les aider et les renseigner, mais de manière à ce qu'il ne gêne jamais leur action. Il faut pour cela qu'il dépende entièrement d'eux, qu'il leur soit soumis par la discipline et attaché par l'intérêt ; n'y introduisons donc que des officiers d'élite pour lesquels l'obéissance sera un devoir et qui se feront un honneur du dévouement.

On crée en conséquence une école d'application ; on y attache les professeurs les plus distingués dans les lettres et dans les sciences ; on leur adjoint des militaires connus par leurs talents spéciaux, dont l'expérience inspire la confiance, dont les services commandent le respect, dont la vie entière peut servir d'exemple.

L'enseignement de cette école embrasse tout : l'économie politique et l'art militaire, les mathématiques et la littérature, l'astronomie et le droit des gens, la géographie, la fortification, la topographie, la balistique, l'administration, les langues, le dessin.

Tout ce qui peut servir non seulement à un homme de guerre, mais encore à un homme politique et à un organisateur, en un mot à un chef d'armée, y est passé en revue.

Des perfectionnements successifs y sont introduits : les exercices physiques y étaient négligés, on y met des maîtres d'escrime et l'équitation y prend le premier rang, grâce à l'annexion d'un manège et d'une école de dressage.

Il y a bien là tout ce qu'il faut pour faire des savants et pour produire des soldats ; les sujets qui sortiront de cette pépinière vont suppléer aux facultés qui manquent au chef ou les centupler, s'il les possède toutes.

Voilà la source : comment y puiser ?

Ici l'écueil.

Ces officiers destinés à la guerre, il s'agit d'abord de les employer en temps de paix.

— Rien de plus facile, direz-vous. Qu'ils soient partout et toujours les agents directs du commandement. Qu'ils voient tout par eux-mêmes, qu'ils surveillent tout, qu'ils rendent compte de tout. Qu'ils aillent à l'étranger étudier les méthodes et les institutions des autres peuples et qu'ils reviennent enrichir le pays de leurs précieuses observations, comme les abeilles rapportent le miel à la ruche. . . . .

J'ignore comment les choses se faisaient avant moi ; de mon temps, voici ce qui se passe.

Les officiers d'état-major fournissent :

1° Les aides de camp, employés auprès du souverain, auprès des princes, auprès des maréchaux et des généraux, dans des positions intimes ;

2° Les officiers du dépôt de la guerre, employés à la carte et aux travaux historiques ;

3° Les officiers attachés aux bureaux des divisions territoriales : c'est le plus grand nombre.

Je ne puis rien dire des aides de camp : toute opinion émise à leur égard serait une personnalité.

Les officiers du dépôt ont fait la carte

de France : à l'œuvre on jugera l'artisan.

Quant aux bureaux des divisions, je sais, et pour cause, ce qu'on y fait, et je ne puis que regretter que l'on n'y fasse pas autre chose.

J'ai eu longtemps le projet d'écrire un petit livre qui aurait eu pour titre : « L'état-major de la N^{me} division militaire. »

Cet opuscule aurait été très amusant, mais rien de plus.

Les circonstances me forcent à abandonner mon dessein : ce n'est pas le moment de rire.

Je ne parlerai donc ni du *Journal militaire*, ni des lettres à paraphraser, ni des situations journalières, quinquennales, hebdomadaires, bi-mensuelles, mensuelles, trimestrielles, semestrielles, annuelles.

Je ne peindrai pas les tempêtes soulevées dans l'âme des chefs d'état-major à l'aspect d'une virgule, ni les dissentiments nés de l'accentuation. Je constaterai seulement, en empruntant le langage du poète, que :

L'ennui naquit un jour de l'uniformité,

et je conclurai en disant : que les caractères les mieux trempés s'énervent, que les facultés les plus brillantes s'étiolent, que les vocations les plus fortes s'abandonnent, dans ce milieu délétère des bureaux, où le seul mérite dont on puisse faire preuve est d'être assidu.

Quant aux officiers d'état-major qui désirent aller à l'étranger, ils en obtiennent quelquefois l'autorisation, mais en faisant beaucoup de démarches et à la condition expresse de renoncer à leur solde.

S'est-on du moins servi, pendant la guerre, de ce corps si mal employé pendant la paix ?

Non.

Nous n'avons eu d'action sur aucun service ; nous n'avons été entendus dans aucun conseil ; nous n'avons jamais fait un rapport spécial ; nous n'avons jamais dirigé une reconnaissance de quelque importance ; nous n'avons jamais commandé une troupe quand les officiers supérieurs manquaient.

A qui donc était l'influence? à qui l'oreille du chef? Aux officiers d'ordonnance.

— Saluez M. de X..., sous-lieutenant, deux ans de service à Paris ; c'est le cousin d'une Altesse.

— Et ce petit, qui a des bandes d'or à son pantalon ? Il me semble que le général le tutoie ?

— Oui, le général l'aime beaucoup ; il vient de le faire nommer capitaine. C'est, je crois, le fils d'un de ses métayers... pourquoi souriez-vous ?

— C'est qu'il me paraît ressembler beaucoup à son chef... Vous ne trouvez pas ?... le nez, les yeux...

— Chut ! prenez garde ! Ce jeune homme fait ici la pluie et le beau temps...

Pauvre Gouvion Saint-Cyr ! Où sont tes conseillers ?

Il est des maux qui se multiplient entre eux : ceux que nous avons subis sont le produit de l'insuffisance des chefs par l'incapacité des entourages.

Si j'avais un conseil à donner aux gens en place qui cherchent un confident — secrétaire, aide de camp, ou adjoint quelconque — je leur dirais :

— Prenez au hasard dans le personnel sous vos ordres, et vous ferez toujours un meilleur choix qu'en acceptant une créature, même de la main de vos meilleurs amis.

Cette méthode est aussi bonne qu'elle est simple, et j'ai toujours vu avec stupeur qu'on la rejetait comme un paradoxe.

— Mais, dit le ministre, quand je sors de la Chambre, où j'ai discuté ; mais, dit le général, quand je reviens du champ de bataille où j'ai combattu, j'ai besoin de trouver près de moi le confident affectueux qui m'encourage ou me console.

— Grand personnage, répond la raison rigide, grand personnage, mon bonhomme, c'est précisément par ce confident peu sincère que vous péchez... Vous, ministre, si vous avez été éreinté aujourd'hui dans les journaux ou à la tribune, vous le serez encore bien davantage demain, à la suite des plates consolations de vos familiers, puisque votre entourage vous pousse naturellement à persévérer dans vos erreurs, dans vos ridicules, dans vos faiblesses et dans vos vices, sur lesquels il spécule... Et vous, mon cher général, qui avez eu des désagréments avec l'ennemi, gardez-vous de croire, si vous tenez à ne pas être complètement rossé à la première rencontre, aux raisons que vous en donne ce joli petit officier d'ordonnance que vous avez reçu des mains de la duchesse de N... ou de Mimi-Pinson.

— Allons, morbleu ! Messieurs du pouvoir, débarrassez-vous une fois pour toutes de cette gangrène que vous avez aux jambes, de ce favoritisme à cause duquel vous dégringolez tous, les uns après les autres, depuis que l'histoire enregistre les sottises des grands de la terre. Où sont-ils aujourd'hui, tous vos cocodès? Vous ont-ils suivis dans l'exil que vous avez mérité pour avoir, en leur faveur, foulé aux pieds la justice et l'intérêt général? Vous les cherchez?

Les voilà qui tournent autour des puissances nouvelles comme les moustiques autour d'un flambeau... J'en ai rencontré un hier — un de vos plus fidèles. — Il trouve, cet enfant terrible, que Gambetta ne manque pas de chic et, qu'après tout, c'est un honnête homme auquel on s'attacherait avec plaisir...

J'en ai fini avec le personnel, quoique j'aie beaucoup de choses à dire sur la manière dont l'avancement a été distribué dans notre armée et particulièrement dans l'état-major. Je ne saurais être juge et partie; mais il m'est bien permis de m'étonner que l'ancienneté ait été prise pour base de nos promotions pendant la guerre, après tous les choix que nous avions subis pendant la paix. Il ne me convient pas d'enlever leurs illusions à ceux qui sont assez heureux pour en conserver et je ne veux pas décourager les jeunes gens qui pensent, ainsi que je le pensais moi-même à leur âge, qu'il est possible de faire son chemin dans le monde avec cette seule maxime : « Fais ce que dois, advienne que pourra. »

XVII

J'arrive aux questions techniques et aux
fautes commises matériellement : je ne
ferai que les indiquer sommairement, car
il me faudrait plus d'un volume si j'entrais
dans la discussion.

1° Nous nous sommes présentés partout
et toujours avec l'infériorité du nombre :

Parce qu'on avait négligé d'organiser,
dès le début, le service des chemins de fer
au point de vue spécial et exclusif du trans-
port des troupes ;

Parce que, au lieu de concentrer sur des
points rapprochés de leurs résidences les
soldats appelés ou rappelés sous les dra-
peaux, on s'est imposé l'obligation puérile

de les diriger, quelles que fussent les distances à parcourir, sur les dépôts des corps auxquels ils comptaient ;

Parce que, n'ayant pas de plan bien arrêté, on allait au plus pressé, sans réfléchir qu'il vaut mieux ne pas s'engager que de marcher à l'ennemi dans des conditions défavorables.

2° Notre artillerie ne pouvait pas soutenir la lutte :

Elle était trop peu nombreuse ;

Elle avait une portée moindre que celle des Prussiens ;

Elle n'avait pas adopté la fusée percutante et ses obus éclataient en l'air ;

Ses officiers n'avaient pas pris l'habitude de relever les distances, en étudiant, par avance, leur champ de tir sur la carte.

3° Notre fusil, bon en lui-même, n'était pas assez connu de tous les hommes qui le maniaient, les soldats de la réserve en ignorant à peu près complètement l'usage ;

Il est fait pour tirer de loin, puisque sa

portée est plus grande que celle du fusil prussien, et l'on s'est mis maladroitement dans des positions où il fallait tirer de près.

4° On marchait toute la journée, et souvent toute la nuit, comme à l'aventure : les hommes épuisés se gardaient mal, la cavalerie n'éclairait pas, les officiers à cheval ne pouvaient plus faire un bon service.

5° On concentrait les troupes sur un point avant de savoir si les vivres y seraient réunis. L'intendance, pour laquelle nous nous montrons peut-être un peu trop sévères aujourd'hui, était impuissante à remédier à cet état de choses : les troupes mouraient de faim à cinq ou six lieues de convois qui n'avaient pas eu le temps de les rallier.

6° Les mêmes inconvénients se produisaient pour les munitions ; à Frœschwiller l'artillerie n'a pas reçu ses caissons de réserve. Mieux valait cent fois, je le répète, se retirer et attendre, que de s'engager sans être pourvu du nécessaire.

10

7° En ce qui concerne directement notre division, notre seul tort a été de ne pas employer la journée du 5 à faire des travaux défensifs, tels que terrassements, abattis, etc. ; la fatigue excessive des troupes et l'incertitude du but à atteindre sont nos excuses.

Telles sont les causes générales et les raisons directes de nos malheurs sociaux et de nos désastres militaires.

Après Frœschwiller, l'indiscipline s'y ajoute et aussi les graves inconvénients des *impedimenta*.

Tout s'enchaîne : Frœschwiller amène Sedan, Sedan produit Metz.

Mais nous ne sommes pas les seuls coupables, et nous ne serons pas les seuls à souffrir.

L'existence de l'Europe entière est aujourd'hui en question : un pas de plus, nous tombons dans la barbarie.

Quelle époque d'ailleurs fut plus barbare que la nôtre ?

L'Europe a tous les vices de la civilisation : en a-t-elle les vertus ?

Avons-nous surtout cette vertu que la philosophie appelle modération et dont le christianisme a fait la charité ?

En quel temps vit-on les hommes s'entre-tuer d'une manière plus stupidement brutale ?

Nous respectons à peu près les prisonniers et nous soignons tant bien que mal les blessés ; c'est là le seul progrès réel.

Quand les masses du moyen âge se ruaient les unes sur les autres avec la lance et avec l'épée, étaient-elles plus barbares que nous, qui massacrons, qui détruisons et qui brûlons avec des machines ?

La civilisation, sous ce rapport, consisterait-elle à se battre de plus loin ?

Quel est donc aujourd'hui ce prétendu art de la guerre ?

Je ne veux pas contester aux Prussiens la gloire de leurs étonnants succès ; mais enfin où est leur grand mérite en dehors de la supériorité, longtemps préparée, de leur artillerie?

Où nous ont-ils combattus en nombre inférieur ou même en nombre égal? De quelle bicoque, si misérable qu'elle fût, ont-ils osé tenter l'assaut?

L'outrecuidante incapacité et l'orgueilleuse folie du gouvernement qui a plongé notre pays dans l'abîme, me paraissent avoir plus fait pour la fortune momentanée de Guillaume et de Bismarck que leurs talents militaires et politiques.

Que dire enfin de toutes ces nations égoïstes, mais fatalement solidaires, qui assistent à cette lutte fratricide sans plus s'émouvoir du sang versé que si elles portaient encore les noms de Vandales, de Huns et de Tartares?

Non, il n'y a jamais eu d'époque plus barbare que la nôtre, en l'an de grâce 1870!

Mais j'entends sonner l'heure des châtiments.

Les colères d'en haut sont déchaînées...
la terre tremble!...

La France expie cruellement ses torts...

Je souhaite qu'un sort plus terrible ne
soit pas réservé à tous ces peuples qui, en
nous abandonnant, ont trahi la cause du
droit, de la civilisation, de l'humanité!

———

XVIII

Deux épisodes seulement de la bataille de Frœschwiller.

Je fus témoin du premier dès le début de l'action.

C'était au centre du bois où nous avions embusqué les tirailleurs algériens, à notre extrême gauche.

Privés du concours de la division Ducrot, que nous avions compté avoir pour appui de ce côté, nous y étions assaillis avec fureur.

Déjà le colonel Susoni avait été tué ; le commandant Jodocius tué et les deux tiers des officiers hors de combat.

On se fusillait d'arbre en arbre ; on se

battait à la bayonnette et à coups de crosse.

Les colonnes prussiennes, plusieurs fois refoulées au delà des rives, revenaient sans cesse plus nombreuses, tandis que nous n'avions là d'autres réserves que le 48ᵉ, attaqué lui-même de toutes parts.

Nos braves, nos sublimes soldats tombaient les uns après les autres. Dans une heure, dans une demi-heure peut-être, tout serait dit : les Prussiens n'auraient plus qu'à franchir des cadavres pour arriver jusque dans Frœschwiller.

J'allai rendre compte de cette situation au général Raoult qui m'envoya aussitôt demander un régiment au maréchal.

J'obtins à grand'peine, mais enfin j'obtins le 78ᵉ que je ramenai au pas de course et que j'engageai dans le bois, où la lutte se rétablit dans des conditions pour un instant moins inégales.

En accomplissant cette mission, j'avais dû m'arrêter dans un taillis pour donner la direction aux officiers ; devant moi j'aperçus un Arabe blessé.

C'était un sergent indigène ; un homme de quarante ans environ. Son visage mâle et fier était déjà pâli par les approches de la mort ; mais dans ses yeux noirs étincelaient encore les éclairs de son âme indomptée.

Il était adossé à un arbre et ses mains, crispées en arrière et comme incrustées dans l'écorce du tronc, soutenaient son corps d'où la vie s'échappait avec un flot de sang.

Sa poitrine était horriblement ouverte, il voulait parler et il râlait, le son se perdant par la blessure béante.

Je le reconnus ; j'avais causé avec lui la veille, pendant qu'il était de planton à notre quartier général.

Je m'approchai et j'essayai de lui adresser quelques paroles d'encouragement.

Il me remercia d'un signe de tête et s'efforça de sourire ; puis, avec un effort surhumain :

— Merci ! bon commandant ! merci ! me répondit-il. Pauvre Arabe mourir... mourir bien loin, bien loin ! adieu ! moi fini... mais c'est égal... jamais Français perdent bataille...

Il tomba ; je le croyais mort ; mais il eut encore la force de se soulever sur un bras. La voix sembla même lui revenir plus sonore et il répéta :

— Jamais ! Jamais Français perdent bataille !... Pauvre Arabe mourir content... Pauvre Arabe bien aimer..... Il n'acheva pas ; une convulsion le saisit et il roula sous les pieds de mon cheval.

Je n'avais pas le droit de m'occuper de lui davantage ; j'allai où j'avais affaire.

Voici le second épisode.

Il était midi ; le feu de notre artillerie de réserve venait de cesser faute de munitions.

Dans notre esprit, la bataille était perdue par ce seul fait.

Déjà pour [nous il ne s'agissait plus de

vaincre, mais d'empêcher notre retraite, devenue imminente, de dégénérer en déroute.

Le maréchal était, m'a-t-on dit depuis, déjà débordé par sa droite.

Nous, sa gauche, nous étions à la fois débordés et écrasés.

Les canons de la réserve, en dégarnissant le plateau de Frœschwiller, laissaient un vide énorme dans lequel les colonnes ennemies menaçaient de s'engouffrer pour se ruer sur nos derrières.

Le 2ᵉ zouaves avait masqué en partie cette brèche avec ses cadavres ; mais nous n'avions plus assez de chair humaine pour la combler entièrement.

Dans Wœrth, le général L'Hériller combattait bravement pour contenir les masses prussiennes qui, en débouchant sur la route de Frœschwiller, auraient fait de notre division deux tronçons mutilés.

Le général Raoult nous avait envoyés là, en nous prescrivant de rallier tout ce que nous pourrions trouver de monde afin d'appuyer cette résistance.

Mais, je l'ai dit, nous n'avions plus de réserves ; et les quelques fractions de troupes que nous parvenions à entraîner nous échappaient à chaque accident de terrain ou ployaient sous les feux d'écharpe.

Les flots ennemis nous envahissaient, lentement mais sûrement, comme la marée montante, et nous poussaient sur Frœschwiller.

Au milieu de la bagarre, je remarquai un soldat tout jeune, qui faisait admirablement le coup de fusil.

Le corps un peu ployé en avant, comme un chasseur à l'affut, la tête alerte, l'œil rapide, il déchargeait et rechargeait son arme sans se troubler ; faisant feu en avant, tirant à droite et tirant à gauche avec un merveilleux sang-froid.

Tout à coup, une balle vint briser son chassepot entre ses mains.

Un instant, il me regarda d'un air consterné.

Puis, avisant à terre le fusil d'un camarade auquel un obus venait d'emporter la tête :

— Pardon, mon commandant, me dit-il ; est-ce que je puis prendre ce fusil à la place du mien ? On ne me fera pas de reproches, si je reviens avec une arme qui ne porte pas mon numéro ?

— Brave garçon ! m'écriai-je ! des reproches à vous ! Prenez sans scrupule et si nous nous retrouvons plus tard, rappelez-vous que vous pouvez compter sur moi !

Et je lui donnai mon nom ; mais je ne l'ai jamais revu. Lui aussi, sans doute, est étendu sous ce sol fatal où les Prussiens ont creusé à la hâte les sépultures ignorées de tant de héros.

Voilà les hommes que nous avions alors ; voilà jusqu'à quel point beaucoup de nos soldats poussaient l'héroïsme, la confiance, le respect de la règle.

Ces hommes-là, s'ils avaient été bien conduits, s'ils étaient arrivés sur le champ de bataille en nombre suffisant et pourvus du nécessaire, auraient formé d'invincibles légions.

Les mauvaises influences cessant d'agir, les mauvais principes que j'ai dû signaler à propos de notre séjour à Strasbourg ne se seraient pas développés et toute trace d'indiscipline aurait bientôt disparu de nos rangs.

Faute de ces trois éléments indispensables : direction, concentration, matériel, la légion est devenue horde ; et il a suffi pour cela d'un jour et d'une défaite.

Ce fut un grand malheur : il eut de désastreuses conséquences ; il en aura peut-être de plus terribles encore ! Mais, encore une fois, n'en accusons ni la masse de l'armée ni les chefs en sous-ordre : tous, ou à peu près tous, étaient à la hauteur de leur mission.

Ceux-là seuls sont coupables qui tenaient

le gouvernail et qui, loin de diriger sagement le navire, l'ont jeté, sans pilote et sans boussole, au milieu des récifs où la tempête l'a brisé.

Si nous avions eu 150,000 hommes en ligne à Frœschwiller avec une artillerie suffisante et un plan à suivre, les Prussiens auraient été battus : c'est pour moi une conviction.

— Nous ne pouvions pas les avoir, dites-vous ?

— Alors il ne fallait pas déclarer la guerre.

Tout est là.

XIX

Wiesbaden, 24 mars 1871.

Toujours prisonniers !

Ici nous avons appris la capitulation de Paris.

Ici nous avons connu les impitoyables conditions de la paix. Notre Alsace abandonnée !... Notre Lorraine livrée !... Metz aux Prussiens !... C'est affreux !

Sur ces malheurs de la Patrie, nous avons pleuré toutes nos larmes.

Nous pensions que notre infortune ne pouvait pas être dépassée et voilà que la guerre civile éclate en France, guerre

exécrable déjà souillée d'assassinats !...
c'est à désespérer de l'avenir.

Quelques-uns d'entre nous — les privilégiés comme partout et toujours — ont été rendus à la liberté.

Le plus grand nombre attend dans les anxiétés les plus cruelles l'heure de la délivrance.

Cette heure, nous l'espérons encore, ne tardera pas à sonner, mais nous n'avons plus la force de nous en réjouir.

Est-ce la Patrie que nous allons retrouver ? Est-ce une contrée abandonnée du ciel et prostituée par avance à tout bandit qui osera porter la main sur elle ?...

Pour moi, désillusionné de tout et de tous, je vais rentrer en France avec l'intention de renoncer bientôt à une carrière déjà trop longue et avec la seule ambition de mourir en paix.

Je rallumerai si je le puis, le feu éteint du foyer domestique et je ne m'attacherai plus qu'à laisser aux miens un nom honorable avec les souvenirs d'une existence dignement remplie.

Quand les jeunes gens viendront me visiter dans ma retraite, à ceux qui me diront :

— Vous qui avez tant médité, tant vu et tant souffert, apprenez-nous ce qu'il faut que nous fassions pour éviter les malheurs qui ont accablé la génération à laquelle vous appartenez !

Je répondrai :

— Craignez Dieu.

Respectez la société, qui vous protège, obéissez à ses lois et ne prétendez pas aux bénéfices en refusant les charges.

Honorez vos parents et aimez votre prochain, en commençant par votre famille et votre patrie, sans donquichotter au delà.

Instruisez-vous afin que votre âme puise la vie aux nobles sources que votre esprit aura découvertes.

Efforcez-vous d'être vertueux et, si vous avez des vices, ayez au moins la pudeur de les cacher, comme on voile une plaie honteuse.

Enfin travaillez chaque jour, simplement et honnêtement à ce dont vous êtes chargés, afin de pouvoir dire chaque soir, en vous endormant : ma tâche est remplie.

L'expérience ne m'a rien révélé de plus.

— C'est peu de chose, diront-ils peut-être ?

— Moi, je vous assure que c'est beaucoup, car nous avons mis quarante ans à l'apprendre à nos dépens et pourtant nos pères nous l'avaient enseigné déjà !

SECONDE PARTIE

FRANCE

11.

La bataille de Sedan était engagée depuis la pointe du jour ; à huit heures du matin nous savions qu'elle était perdue.

De notre division, dont nos généraux en chef avaient pris, à la hâte, l'artillerie d'abord et, successivement, tous les éléments constitués pour « boucher les trous », il ne nous restait guère qu'un bataillon avec lequel on nous avait établis sur l'emplacement d'une ambulance délogée par le feu. Des escadrons de lanciers, qu'on y avait mis d'abord, y avaient été décimés et avaient dû abandonner un poste où les cavaliers, trop à découvert, servaient de cibles aux artilleurs prussiens. Nous y fîmes coucher nos hommes à plat ventre et l'ennemi ne voyant plus en relief que quelques officiers d'état-major, se contenta de nous envoyer des balles.

Notre philosophie, antérieurement éprou-vée, était à la hauteur de la situation; mais quant à un espoir quelconque, il y avait longtemps qu'il ne nous en restait plus aucun.

Bientôt nous sûmes à n'en pouvoir douter, par une confidence faite à l'oreille de mon général par une personne en position d'être bien renseignée, que nous ne devions plus compter que sur nous-mêmes pour nous tirer de là nous et les nôtres. Mon général me donna, tout bas, un ordre et je partis au galop pour l'exécuter. Comme il n'entre pas dans le cadre de ce récit tout personnel, de trop parler stratégie et tactique, je me bornerai à dire que ce fut en accomplissant ma mission que, cerné dans un bois par les dragons bleus, qui me mirent le revolver sur la poitrine, je tombai au pouvoir des Prussiens. Mon revolver à moi m'avait été volé à Saverne, dans une auberge où j'avais un instant remisé mon cheval, pour aller plus facilement, à pied à travers la cohue, à la recherche de mon pauvre chef d'état-major.

Bref, je fus pris.

Quand on m'eut fait mettre pied à terre, je m'aperçus que je n'avais ni bu ni mangé depuis la veille à midi, et que mes forces épuisées allaient m'abandonner entièrement. Un trompette prussien me tenait toujours en joue, mais il oubliait tout à fait de m'offrir sa gourde, qui pendait en sautoir à son flanc. Je savais quelques mots d'allemand et je m'en servis — que Gœthe me pardonne — pour dire posément à mon agaçant musicien : « Geb mir zu trinken », ce qui signifie approximativement : « donne-moi à boire. »

Dominé par mon sang-froid et aussi, sans doute, par l'habitude de l'obéissance passive, le trompette remit son pistolet dans ses fontes et me tendit sa gourde où je humai un grand coup de vin français, qui me rétablit comme par enchantement.

Je cite volontiers ce trait, non pour vanter — on le pense bien — la magnanimité du trompette, mais pour montrer la puissance de cette discipline, que nous avions eu le grand tort de ne pas maintenir chez nous et grâce à laquelle mon épaulette et ma croix d'officier conservaient encore tout leur prestige aux yeux d'un ennemi victorieux !

Le chef de l'escadron prussien arrivait sur moi au galop : sa grosse figure blonde rayonnait de joie, comme celle d'un chasseur qui court ramasser son lièvre. Il oscillait un peu sur sa selle et faisait, au-dessus de sa tête, avec un grand sabre courbé, des moulinets plus ou moins corrects. Ne pouvant m'y opposer, je humai un second coup et je rendis la gourde à son propriétaire. Le commandant se décida à rengaîner et, comme il était aussi fort en français que moi en allemand, il me fit

signe de remonter à cheval en me disant :
« A l'honnêre ? » sur le ton interrogatif.
Je répondis : « Sei ! » soit ! et nous partîmes au grand trot dans la direction du
quartier général prussien, Je dis nous, car,
en me retournant sur ma selle, je vis que
j'avais un assez grand nombre de compa-
gnons d'infortune, entre autres mon ami
le capitaine G..., dont je ne me séparai
plus jusqu'à la paix.

Le soir, nous étions à Donchéry.

C'est de là, si le lecteur daigne se le
rappeler, que nous sommes parti pour raconter l'épisode de Frœschwiller.

Au moment où nous nous décidons à pu-
blier ces « souvenirs et impressions », nos
honorables éditeurs nous demandent de
vouloir bien les compléter par le récit de ce
que nous avons vu à Wiesbaden et par
quelques détails sur notre rentrée en
France, le rôle que nous avons joué depuis, etc.

C'est pour satisfaire à cette demande et

pour reconnaître l'intérêt qu'on nous té-
moigne que nous ajoutons une seconde
partie à notre opuscule. Nous espérons
qu'on y reconnaîtra, comme dans ce que
nous avions écrit en Allemagne, un cœur
sincère, un esprit droit, une intention honnête !

*
* *

Nous avons décrit, avec la vérité des
premières impressions, notre voyage de
Vrigne-aux-Bois à *Pont-à-Mousson*.

Ce fut là que le lieutenant qui commandait le détachement chargé de nous escorter prit congé de nous, en nous invitant à
nous rendre à la gare, lorsque sonnerait la
cloche d'appel.

Étions-nous engagés d'honneur à obéir?

Dans notre conscience, cela ne faisait pas
un doute : le seul fait que cet officier prussien ne nous entourait pas d'une garde
prouvait surabondamment qu'il nous croyait
liés par la promesse verbale faite par un

général, en son nom et au nôtre, de ne pas nous échapper pendant la route à moins que nous ne soyons délivrés par un coup de main de nos francs-tireurs.

Dans des circonstances identiques, un prisonnier d'un rang élevé, et que l'histoire jugera, a prétendu que, n'ayant rien promis au-delà de Pont-à-Mousson, il se croyait le droit de reprendre sa liberté. Il a pu le faire impunément : paix à sa cendre !

Quant à nous, nous considérions avant tout comme un devoir de ne pas nous séparer de nos malheureux soldats. Cette pensée dominait toutes les autres de toute la hauteur d'un principe sacré.

Nous allâmes, le capitaine G... et moi, déjeuner à l'hôtel de la Poste, où j'étais connu, une partie de ma famille habitant les environs. Personne ne nous y dérangea : rien ne nous était plus facile que de rester là, en prenant la veste d'un domestique ou la blouse d'un palefrenier...

Au signal convenu, nous nous rendîmes à la gare.

Le 8 septembre au soir, nous étions à Mayence.

On nous laissa nous y établir à notre guise.

Nous n'y étions pas depuis quarante-huit heures que nous nous sentîmes envahis par la plus sombre mélancolie.

La première journée s'était passée tant bien que mal à faire nos petites provisions de linge, à endosser des habits bourgeois, à écrire en France.

Mais le lendemain, quand nous essayâmes de parcourir la ville, il nous sembla que quelque chose se brisait dans notre poitrine et toute la tristesse de notre situation nous apparut.

Partout des soldats nous regardant et ricanant avec un gros rire ; à chaque pas des officiers nous toisant d'un air dédaigneux ; partout le bruit des fanfares et des chants de triomphe ; partout le retentissement des armes tournées contre notre France !

Militaires, nous étions étouffés par la foule des uniformes ennemis ; Français, nous étions poignardés par des mots exprimant dans notre langue un mépris injuste ou une pitié insultante.

Les ténèbres d'un cachot nous eussent, je crois, paru moins sombres que le jour répandu sur ces maisons, sur ces places, où nous errions au hasard, désarmés, prisonniers !

Depuis le moment où nous avions été pris sur le champ de bataille, nous n'avions plus, pour ainsi dire, le sentiment de notre existence morale.

La fatigue, les besoins physiques mal satisfaits et devenus plus impérieux après des inquiétudes dévorantes auxquelles succédait brusquement un repos forcé, la certitude même d'un malheur sans ressources avaient jusque-là fait dominer en nous la matière sur l'esprit. Le corps repu, délassé,

notre âme se réveillait pour la douleur.

Qu'on ne nous accuse pas sans nous comprendre !

La nature humaine est ainsi faite et qui-
conque a passé par ces grandes épreuves
ne nous en estimera pas moins. Si d'ailleurs c'était une faiblesse, que ceux qui se
croient au-dessus d'un pareil découragement dans un malheur semblable nous jet-
tent la première pierre !

Notre parti fut bientôt pris : dussions-nous
être enfermés dans une forteresse, nous ne
resterions pas à Mayence !

Nous nous rendîmes donc immédiatement chez le gouverneur.

Le général von X... était un personnage
aussi courtois qu'un Prussien peut l'être. Il
est à remarquer que, dans les commence-
ments, sous l'influence de leurs étonnants
succès, la plupart de ces messieurs se
montraient à nous sous leur meilleur jour ;
nos défaites s'accumulant, ils prirent d'eux-

mêmes une opinion trop haute pour se gêner avec nous.

Nous lui exposâmes le désir, le besoin que nous avions d'être envoyés dans une résidence moins bruyante.

— Puisque vous vous ennuyez tant dans notre belle ville militaire, nous répondit-il en souriant, prenez une voiture là, sur la place, et allez à Wiesbaden. Vous n'y manquerez pas de distractions si vous avez la bourse un peu garnie. Dans mon commandement, vous êtes libres sur parole et je vous autorise à y voyager à la condition de prévenir l'autorité dont vous dépendrez immédiatement.

Nous sortîmes presque contents : cette facilité du gouverneur nous semblait de bon augure ; nous espérions, pauvres illusionnés, que peut-être nos affaires prenaient meilleure tournure du côté de la frontière ! Les malheureux qui se noient, se raccrochent à toutes les branches.

Nos valises furent bientôt prêtes et le

jour même nous étions à Wiesbaden. Nous descendîmes à l'hôtel de l'Ange — Zum Engel — à côté de la Kochbrunnen, qui est la principale des sources thermales de la ville, Kranz platz, n° 6.

Il faut beaucoup de courage et d'attention pour écrire tous ces mots-là, encore plus pour les prononcer. Que le lecteur nous pardonne la pénible tâche que nous lui imposons de les épeler !

Avant tout il faut être juste : Wiesbaden était une des plus jolies villes du monde.

Je dis : était, car je doute fort qu'elle ait gagné quelque chose à se prussianiser. Dans tous les cas elle a perdu ses jeux et, par conséquent, les trésors où elle puisait pour bâtir ses somptueux palais, entretenir ses splendides promenades, rendre accessibles tant de sites enchanteurs !

Après une semaine de séjour à l'hôtel, le capitaine G..., qui était — il l'est sans doute encore — le plus grand *débrouillard* de l'armée française, s'était fait ouvrir un crédit honnête chez un banquier de la ville ; j'avais moi-même quelques cent louis en réserve et nous comptions, pour endormir nos chagrins sur l'influence hygiénique d'une installation meilleure et sur les émotions de la *Roulette*, dont nous nous proposions d'étudier les nombreuses et ingénieuses combinaisons.

Nous prîmes donc congé de notre *Ange* et nous allâmes nous établir dans un ravissant châlet, sur une des belles avenues qui entourent Wiesbaden comme une guirlande de fleurs.

Un nommé Jacobi, descendant convaincu d'Abraham et de Jacob, ne nous demanda que cinq cents francs par mois pour un appartement dont le salon et la salle à manger devaient nous être communs, mais dont les chambres à coucher étaient peut-être trop bien meublées pour des maris séparés de leurs femmes. Nous nous y laissâmes néanmoins installer sans trop de remords : nous avions droit à des compensations. Le même Jacobi s'engageait, moyennant une somme à peu près égale, à nous fournir chaque jour deux repas confortables, avec bière à l'ordinaire et vin de France au dessert. Il tint ses engagements comme le fit Laban son ancêtre, sans trop se presser.

Il y avait à Wiesbaden, outre le maréchal, sa famille et son état-major, un grand nombre d'officiers français, la plupart appartenant à l'état-major général. On y voyait aussi quelques officiers prussiens blessés et des étrangers de diverses nations. Je ne dis rien des gens du pays : ils se tenaient à leurs affaires et il leur était d'ailleurs interdit de paraître dans les salles de jeu, sauf une fois par an, pendant la nuit du 31 décembre au 1er janvier. Ils en profitaient généralement pour venir y perdre une bonne partie de leurs économies de l'année.

Parmi les dames étrangères, une princesse russe se faisait remarquer par quelques excentricités et surtout par sa passion pour le jeu. J'ai hâte d'ajouter que sa bienveillance et sa grande charité arrêtaient la critique et imposaient l'indulgence. Quand elle arrivait au Cursaal, elle se précipitait vers la roulette en criant : 30 et 11 à cheval ! C'était toujours son coup de début, sa façon de *tâter la veine.*

Tout le monde s'écartait pour lui faire place et lui permettre de lancer son premier louis aux croupiers, qui le plaçaient, en saluant, sur la ligne consacrée.

La princesse gagnait très souvent ce coup, qui lui rapportait dix-sept fois sa mise.

Je dirai quelques mots seulement de la roulette : ils suffiront à faire comprendre aux personnes qui ne l'ont jamais vue en quoi consiste ce jeu si attrayant.

La roulette se compose : 1º D'une roue horizontale, mobile sur un axe perpendiculaire et divisée en trente-sept cases, dont une pour le zéro et les autres pour les numéros de un à trente-six. Une bille en ivoire, lancée pendant que la roue tourne, tombe dans l'une des cases et indique le numéro gagnant;

2° D'une table tendue d'un tapis en drap vert.

Sur cette table, faite à peu près comme un billard, sont tracées trois tranches verticales de douze numéros chacune, alternativement rouges ou noirs, formant aussi douze tranches horizontales de trois numéros. Le zéro est écrit au-dessus et la table porte en outre des indications diverses : *rouge* ou *noire*, *paire* ou *impaire*, *passe* ou *manque*, *premiers*, *derniers*, *moyens*, etc., etc. Le tout est disposé de façon qu'on puisse placer son argent soit sur une couleur, soit sur un numéro seul, soit sur deux, sur trois, sur quatre, sur six, sur les premiers, les derniers, etc., séparément, ensemble, comme on veut.

La roue a tourné; elle s'arrête; la bille est tombée dans une case; un numéro est proclamé à haute voix par le croupier !

Si c'est le zéro qui est sorti, la banque gagne toutes les mises, sauf celles qui ont été placées sur le zéro.

Si c'est un numéro de un à trente-six, la banque paie ceux qui ont joué soit sur le numéro et la couleur (indiquée sur la table), soit sur une combinaison dont il fait partie ; elle encaisse tout le reste.

Si l'on a *ponté* sur ce numéro seul, on gagne trente-six fois sa mise, puisque l'on n'a eu qu'une chance de gain sur trente-six.

Si l'on a ponté sur une tranche de six numéros dont il fait partie, on reçoit six fois sa mise.

Enfin, si l'on jouait simplement sur la couleur, sur pair ou impair, sur *manque* (c'est-à-dire sur les dix-huit premiers, *passe* représentant les dix-huit derniers) on gagne deux fois sa mise, etc.

Le croupier proclame en ces termes, au milieu de l'attente générale et du silence anxieux des *pontes*, le résultat des coups :

« Trente ! rouge, pair et passe !... » (En supposant que la bille d'ivoire se soit arrê- tée au numéro trente.)

Il est bien entendu que les mises sont limitées par un minimum et un maximum. On comprend en effet à quel chiffre insolvable on arriverait, si l'on permettait de ponter une somme trop considérable sur un numéro seul, ou de laisser s'accumuler l'argent risqué sur une couleur, cette couleur pouvant sortir un grand nombre de fois de suite, et la somme gagnée (la *masse*) se multipliant par elle-même à chacun des coups qui se succèdent avec une rapidité prodigieuse !

Ce fut en jouant la *Cadette* que j'étudiai les combinaisons, vulgairement appelées *martingales*, de la capricieuse roulette. Ces martingales, objets, comme autrefois la *pierre philosophale*, des recherches acharnées d'un tas de fous, n'ont encore enrichi personne ; mais elles sont réellement très curieuses parce qu'elles ont toute l'apparence d'un calcul sérieux, étant fondées sur la probabilité, cette ennemie acharnée, mais toujours battue, du hasard.

La cadette me fut enseignée par un compatriote, un croupier qui, n'ayant pas d'autre profession, se trouvait obligé, par la nécessité de gagner le pain de sa famille, de rester à Wiesbaden. Le brave Schmitz — tel était son nom — nous adorait et nous rendait tous les services qu'il pouvait nous rendre sans trahir ses devoirs professionnels.

Voici en quoi consiste cette martingale :

On place une mise — un florin, par exemple — sur les numéros de sept à douze ; un autre sur les numéros de vingt-cinq à trente et un troisième sur les douze moyens, de treize à vingt-quatre.

Si les douze moyens sortent, on ne perd ni ne gagne, puisqu'on reçoit deux florins et qu'on retire sa mise.

Si l'une des deux tranches de six sort,

12.

on gagne trois florins, puisque l'on en lève six et qu'on en a exposé trois.

Enfin l'on perd par le zéro, par les six premiers et par les six derniers ; soit treize chances de perte sur trente-sept.

Les jours *où on a de la chance*, les douze mauvais numéros et le zéro ne sortent que rarement et l'on réalise un assez beau bénéfice. Les autres jours, la sagesse ordonne de s'abstenir ou d'attendre.

A ceux de nos lecteurs qui nous ont compris — et nous espérons que c'est le plus grand nombre — nous conseillons, lorsque leur fantaisie les conduira à Monaco, de tenter la fortune à l'aide de ce système réfrigérant.

Toute règle adoptée, suivie avec le calme d'une volonté forte, arrête l'entraînement, refrène la passion qui pousse les joueurs à jeter leur argent au hasard et peut vous éviter des pertes irrémédiables. C'est quelque chose, quand on fait une folie, d'en avoir conscience et de la circonscrire.

En pratiquant la cadette, je gagnai en moyenne vingt à trente florins par jour, pendant le premier mois.

J'avais fait en même temps de nombreuses et utiles observations et j'avais découvert plusieurs autres martingales plus ou moins infaillibles.

Je veux vous faire part de la meilleure.

Elle ne repose pas sur des combinaisons de chiffres, qui toutes, à un instant donné, échouent devant les cas particuliers. Elle est fondée sur la vénérable physiologie et sur la triomphante mécanique.

Je la livre donc avec plaisir aux méditations des philosophes jouant et des joueurs philosophant.

J'avais remarqué qu'à midi le jeu était ordinairement fort peu animé. Le croupier qui venait à cette heure-là prendre le service de la roue pour trois heures, en sortant de table, était en général alourdi, enclin au sommeil, et ses mouvements devenaient à peu près automatiques.

Or, la roue est mise en branle par une impulsion de la main. Si l'impulsion était toujours identique à elle-même, la roue, après un certain nombre de tours qui ne varierait pas, reviendrait toujours à son point de départ et la bille tomberait sur le même numéro : cela est évident.

Les numéros ne sont pas disposés sur la roue comme sur la table : ainsi à côté du zéro, sur la roue, sont les numéros 35, 3, 26, à gauche ; 32, 15 et 19, à droite. Si donc les conditions de rotation que nous venons d'indiquer, sans être réalisées d'une manière exacte, l'étaient approximativement, il arriverait qu'après le zéro sorti, la roue revenant approximativement à la même position, un des numéros voisins du zéro sortirait après lui.

C'était dans ces conditions approximatives que le croupier de service opérait après son déjeuner. Si au bout d'un quart

d'heure de demi-sommeil, le croupier ame-
nait 0, je pontais sur 0 et sur les chiffres
voisins. Je gagnais ainsi très souvent des
sommes rondes.

Les circonstances changeaient-elles, le
jeu s'animait-il ? le croupier se réveillait,
l'impulsion de sa main devenait saccadée,
variait à chaque coup et, ma théorie
n'ayant plus d'application, je m'abstenais
sagement.

Savoir s'abstenir, savoir attendre : toute
la science du jeu est là, je le répète.

On me demandera peut-être pourquoi je
ne suis pas devenu millionnaire à Wiesbaden ?

Je répondrai : pour deux raisons.

La première c'est que je jouai d'abord un
très petit jeu, suivant mes moyens.

La seconde c'est que quand j'eus réalisé un
gain un peu important, je voulus me lancer et essayer une martingale de mon invention.

J'avais imaginé une progression arithmétique combinée avec une progression géométrique en mettant, sur les six derniers numéros, successivement un florin, deux florins, trois etc., jusqu'au moment où, l'un de ces numéros sortant, je gagnais six fois ma dernière mise; après quoi je devais reprendre ma progression arithmétique par un florin, etc.

Le jour où j'essayai, les six derniers numéros restèrent deux mortelles heures sans sortir.

Les croupiers, le directeur lui-même qui était venu voir, les camarades qui m'avaient commandité, avec une confiance absolue, de sommes plus ou moins importantes; le public, les dames, la princesse et son entourage : tout le monde resta stupéfait devant ce cas particulier.

Il paraît que cela ne s'était jamais vu !

Quant à moi, j'étais simplement décavé.

Mais en voilà trop sur ce sujet. Si je me suis laissé aller à ces souvenirs avec une certaine complaisance, c'est que, pendant nos longs mois de captivité, les émotions de la roulette nous ont réellement beaucoup aidés à supporter nos malheurs, en nous arrachant, de temps à autre, à nos tristes impressions.

*
* *

L'hiver était arrivé. On patinait sur le lac soit de jour, soit aux flambeaux.

Les plus brillants sporstmen appartenaient à l'état-major du maréchal : plusieurs dames excellaient dans cet exercice. La princesse russe y faisait admirer son traîneau que décoraient deux sphynx en argent massif.

Quelques officiers pouvaient, quoique prisonniers, chasser par invitation. On faisait de longues et charmantes excursions dans les environs de Wiesbaden : au Sonnenberg, à la Platte, à Biebericht, au monastère de Clarenthal ; on n'avait guère que l'embarras du choix.

Le dimanche nous réunissait à la messe, dans la chapelle catholique, harmonieux monument où sont combinés l'élément romain et le style gothique. Le service divin y était fait par le doyen de la communauté catholique de Wiesbaden, assisté de deux chapelains ; nous allions généralement à la messe de onze heures et l'église était toujours pleine.

Là sont tombées bien des larmes, au souvenir de la patrie vaincue et envahie !

Là plus d'un cœur deshabitué de la prière s'est élancé de nouveau vers Dieu pour lui demander le salut de la France.

Que de temps, hélas ! il fut à nous exaucer ! et que de choses encore nous attendons de sa miséricorde !

Nos femmes étant venues nous rejoindre, nous avions quitté Jacobi qui nous affamait, pour aller nous établir dans l'intérieur de la ville. Le froid étant devenu plus vif, nous ne sortions guère que pour aller prendre nos repas.

Nous allions fréquemment déjeuner ou dîner dans un restaurant tenu par un certain Christmann, qui parlait toutes les langues, lui et les deux ou trois jeunes garçons qui faisaient le service sous ses ordres.

Cette instruction peu ordinaire, en France, dans cette catégorie et même dans les autres, nous étonnait tous et nous forçait malheureusement à reconnaître la supériorité de l'Allemagne en fait d'instruction primaire ; car c'est tout simplement dans leurs écoles communales que ces jeunes gens apprennent tout ce qu'ils savent. Là, comme nous mangions tous à peu près aux mêmes heures, nous ne formions pour ainsi dire qu'une seule table où nous causions, en français, assez librement. Les officiers prussiens y venaient rarement et toujours isolément : ils s'asseyaient un instant, buvaient une chope en mangeant un petit pain et un morceau de saucisse, payaient et sortaient fièrement, en

13

passant le peigne dans leurs moustaches et leurs favoris.

La nourriture y était saine, assez bonne quoique peu variée et à bien meilleur marché que chez nous.

Voici pour les amateurs de détails culinaires, un spécimen de menu, avec les prix :

Bouillon mit ei (avec œufs)......	12 kreutzer.	
Gulasch Carlsbad (mouton aux		
pommes de terre, ragoût.....	24	»
Gemuse (légumes).............	9	»
Braten (rôti)..................	36	»
Salat (salade),...............	9	»
Kase (fromage)...............	12	»
Birmen (poire)...............	18	»
Total....	120	»

120 kreutzer, c'est-à-dire deux florins à 60 kreutzer l'un, soit environ 4 fr. 40 de notre monnaie.

Cette manière de compter, excessivement incommode, est chère à l'Allemagne, qui ne veut pas entendre parler, sous ce rapport, des avantages de l'unité.

La plupart de ces plats, commandés pour une personne, étaient suffisants pour deux et la question d'économie, que cette circonstance réalisait pour nous, commençait à prendre une certaine importance à nos yeux; car, de désillusions en désillusions, nous en étions venus à ne plus savoir quand nous reverrions la France et nous n'osions plus quelquefois compter sur le bon accueil qui nous y serait fait.

Nous lisions beaucoup, surtout quand, au mois de janvier, on eut fermé les salles de jeux. Quelques-uns écrivaient, comme vous le prouve la première partie de ce modeste opuscule.

Les journaux amenaient des commentaires sans fin, souvent même des discussions; car nous n'étions pas tous de la même opinion, ni sur les causes des événements, ni sur les conséquences à en tirer...

L'Indépendance belge et *Le Nord* étaient les feuilles qui nous renseignaient avec la plus grande abondance de détails.

Outre des récits plus ou moins véridiques et des articles plus ou moins consciencieux, on y trouvait des quantités de lettres émanant de prisonniers français sur tous les sujets et, malheureusement, sur la politique.

Ces lettres étaient quelquefois ridicules, rarement désintéressées et, suivant mon humble avis, toujours inopportunes. Accusations de trahison contre des hommes dont la loyauté, sinon la capacité, ne pouvait être mise en doute, récriminations contre le passé, protestations d'une fidélité canine à la République en perspective, conseils, plans à suivre s'y étalaient chaque jour, au grand regret de ceux d'entre nous qui, plaçant l'idée de Patrie bien au-dessus de toute opinion politique, ressentaient le plus vivement la honte de la défaite et comptaient, pour la venger, sur quelque effort gigantesque, sur quelque découverte appliquant l'électricité, la dynamite ou le gaz à la défense de Paris, enfin sur l'événement que les Prussiens redoutaient le plus, le soulèvement général de la France.

En dehors de ces espérances, qui aujourd'hui peuvent paraître chimériques, le silence absolu nous semblait imposé par le sentiment de notre dignité. Réduits à des vœux stériles, nous ne voulions pas y ajouter des paroles impuissantes.

Ce fut sous cette impression qu'à la suite d'un article où le journal *Le Nord* engageait, sans autorisation suffisante, notre responsabilité, j'écrivis la lettre suivante, insérée dans le numéro du 22 février 1871.

« Wiesbaden, 19 février 1871.

« Monsieur le rédacteur en chef,

« Le journal *Le Nord* annonce que les « Français internés en Allemagne ont le « projet d'envoyer une adresse à l'Assem- « blée nationale pour lui promettre de se

« rallier au gouvernement qui sera défini-
« tivement constitué et pour lui exprimer
« leur désir de voir la France procéder,
« par voie plébiscitaire, au choix de ce
« gouvernement.

« Je crois devoir protester en ce qui me
« concerne.

« L'armée, quand elle était en France,
« restait sous la main du pouvoir exécu-
« tif; elle n'avait pas le droit de faire des
« motions politiques.

« L'armée, depuis qu'elle est en Allema-
« gne, est sous les pieds de l'étranger :
« elle me paraît devoir plus que jamais
« s'abstenir d'émettre des avis qui ne lui
« sont pas demandés par les représentants
« actuels de notre pays.

« Les prisonniers de guerre n'ont, suivant
« mon faible jugement, que deux choses
« à faire, l'une dans le présent, l'autre
« dans l'avenir : se taire en Allemagne et
« obéir en France. Il n'est besoin pour cela
« ni de manifestations ni de serments.

« Je suis décidé pour mon compte à ne
« m'écarter en rien de cette ligne de con-
« duite, et j'affirme que je ne suis pas seul
« à comprendre ainsi mes devoirs.

« Si vous insérez les adresses, je compte
« que vous voudrez bien faire le même
« honneur aux protestations.

« Agréez, monsieur le rédacteur en chef,
« l'assurance de ma considération la plus
« distinguée. »

Suivait ma signature.

Cette lettre fut généralement approu-
vée ; j'en reçus plusieurs témoignages par
écrit.

Je citerai celui-ci :

« Hombourg, le 23 février 1871.

« Mon cher commandant,

« Je lis dans *Le Nord* du 22 votre lettre
« si pleine de logique et de véritable pa-
« triotisme. Je m'y associe pour mon compte
« et pour celui de tous les officiers de mon
« état-major qui me sont restés de si fidè-

« les amis dans notre mauvaise fortune.
« Nous n'avons qu'un regret c'est que tous
« n'aient pas pensé comme vous dès le
« commencement de notre captivité. Beau-
« coup se seraient évité des démarches
« dictées plutôt par l'ambition déçue que
« par le véritable patriotisme et nous y
« aurions tous gagné en dignité aux yeux
« de la France, de l'Europe et de nos en-
« nemis eux-mêmes.

« Recevez, mon cher commandant, l'as-
« surance de mes sentiments très distin-
« gués.

« Général DE CISSEY. »

A cette lettre je répondis :

« Wiesbaden, 26 février 1871.

« Mon général,

« Je reçois aujourd'hui seulement votre
« lettre du 23 février courant. Je n'atten-
« drai pas un jour de plus pour vous ex-
« primer toute ma gratitude et je vous
« prie de transmettre la même expression

« aux officiers d'état-major dont vous avez
« bien voulu vous faire l'interprète. De
« la part du premier venu de nos soldats,
« les paroles que vous m'adressez seraient
« pour moi un encouragement ; venant de
« vous, c'est une force : je saurai m'en ser-
« vir au besoin.

« Votre nom est un de ceux autour des-
« quels se rallieront les gens de cœur, car
« aucune ombre n'a terni encore son écla-
« tante loyauté.

« Veuillez, etc. »

O temps des illusions de toutes sortes ?
que vous êtes loin déjà ! Ce même général a, dans une circonstance pour moi dé-
cisive, tenu mon avenir entre ses mains et
il l'a laissé briser !

Que le lecteur veuille bien en être per-
suadé : je ne parle pas de moi pour la
sotte vanité de me faire valoir ou de me
donner une importance que je n'ai pas.
J'en parle uniquement parce que la triste
expérience que j'ai faite de la vie publique

peut être utile à tous ceux qui suivent une carrière avec la croyance naïve qu'il suffit de bien faire et de bien penser pour parvenir. Cela suffirait, en effet, si les hommes qui gouvernent avaient la ferme volonté, non pas seulement d'éviter les injustices, mais de rechercher le mérite et de faire pour ainsi dire violence aux humbles lorsqu'ils les savent capables et dévoués. Il est malheureusement plus facile et plus productif d'écouter les recommandations : c'est ce qu'ils ont fait toujours, c'est ce qu'ils font encore.

Le favoritisme a désorganisé l'armée.

Le favoritisme arrête encore aujourd'hui sa réorganisation.

A cela nous ne connaissons qu'un remède : peut-être pourrait-on maintenant l'accepter puisqu'il est *radical*.

Ce remède, le voici : le choix servant de prétexte à la faveur, il faut supprimer le choix, au moins le choix tel qu'on l'a pratiqué jusqu'ici.

Arrêtons-nous un instant sur cette question ; elle doit intéresser tous ceux qui aiment leur pays et qui ne croient pas encore venue l'époque où il pourrait se passer d'une bonne armée.

Lorsque l'avancement sera bien réglé dans l'armée, tout ira bien.

La question du personnel domine tout, même la question d'organisation : il n'y a pas un chef militaire digne de ce nom qui ne le comprenne.

Une armée improvisée peut vaincre si elle est bien conduite ; une armée bien organisée reste impuissante entre des mains inhabiles : cela est évident comme un axiome.

Tous les gouvernements se perdent donc par le favoritisme et nul ne sera fort que s'il inscrit en tête de son programme : Justice !

Ce mot-là peut remplacer tous les autres dans une Constitution : il n'y a pas de liberté sans justice ; il n'y a pas d'égalité sans justice ; il n'y a pas de fraternité sans justice !

Nous ne demandons rien autre chose aux hommes, mais nous la voulons complète et nous avons le droit de l'exiger de nos gouvernants, dont c'est le premier devoir et même la seule raison d'être. Marchons donc avec ce flambeau, nous ne nous égarerons pas.

Il a été établi deux sortes d'avancement : l'avancement à l'ancienneté, l'avancement au choix.

L'avancement à l'ancienneté est la récompense des services.

L'avancement au choix est fait dans l'intérêt de l'État.

J'étonne, sans doute, beaucoup de personnes et surtout un grand nombre de jeunes officiers en posant ainsi d'abord, d'une manière absolue, ce double principe.

Il est indiscutable cependant et l'on s'en rendra compte en envisageant bien ses conséquences. Le législateur a pensé, en effet, qu'au delà du grade de commandant, on ne pouvait, sans danger pour la haute direction de l'armée, confier des fonctions supérieures à des hommes dont la capacité serait insuffisante. Il est d'autres moyens de récompenser les services exceptionnels; ce serait une question à étudier à part : elle n'entre pas dans notre cadre.

Mais, d'un autre côté, si le choix se fait *réellement* dans l'intérêt de l'État, il ne peut être motivé que par un mérite reconnu et ne doit, par conséquent, avoir jamais rien de commun avec la faveur. A cette condition, la question de justice demeure intacte et le choix, tel que nous le proposons, cesse d'être désorganisateur.

Comment donc régler le choix ?

C'est ici que les théoriciens s'en sont donné à cœur joie et que les blagueurs — passez-moi cette expression militaire — ont eu beau jeu.

Que de précautions prises en apparence ! Que de bruit autour du *tableau d'avancement !*

Notes des chefs immédiats, notes des inspecteurs, notes des commandants de corps d'armée, notes des comités, classement provisoire, classement général! Est-il possible de pousser plus loin les précautions et les scrupules?

Il serait indispensable — ont fait observer des publicistes de premier ordre — d'y ajouter des examens, des examens publics!

Oh les examens! Laissez-moi les sabrer en passant : j'en ai tant subi pour ma part!

Ce que j'ai vu gagner de batailles au tableau en quatre coups de craie suffirait à tenir éloignées à jamais de nos frontières les armées de l'Europe coalisée, si les armées de l'Europe n'avaient pas elles-mêmes des tableaux et de la craie. Et je vous le dis en vérité, tel qui vous définira le mieux *les attaques de front et de flanc, les reconnaissances offensives ou défensives, les fourrages au vert ou au sec,* sera peut-être incapable, à la tête d'un escadron, d'aller prendre une botte de foin sous le nez d'un uhlan!

Quant aux personnages qui faisaient les classements, il y avait — j'ignore s'il en est encore ainsi — un petit inconvénient pour n'en citer qu'un, à leur manière d'opérer, c'est que, la plupart du temps, ils n'avaient *pas vu* les candidats et que, par suite, ils ont envoyé des aveugles à l'école de tir, des sourds au gymnase musical, sans compter les myopes, les goutteux et les paralytiques dont ils ont encombré nos états-majors.

Les systèmes en usage se proposent cependant — c'est un de leurs buts principaux — de rajeunir l'armée.

Voici comment s'opère ce rajeunissement :

M. X... est capitaine; il a trente ans; c'est un garçon très distingué et l'on ne sait vraiment pas pourquoi il se donne la peine de se faire recommander par un prince, par une danseuse et par un archevêque.

Les membres du comité, nous le savons,

n'en tiendront aucun compte et c'est après avoir examiné ses notes et ses services avec le plus grand soin qu'ils le feront bombarder commandant.

Dans cinq ou six ans il sera colonel; à quarante ans général... et voilà l'armée rajeunie!

Mais ceux qui étaient avant lui? Ils ne sont pas employés à cela! Tant pis pour eux s'ils vieillissent!

Nous ne prétendons pas qu'il soit impossible d'établir un classement équitable : il suffit en effet pour cela de réunir une douzaine de généraux inaccessibles aux recommandations, aux préférences, aux rancunes, aux jalousies. S'ils ont tous le jugement sain, le coup d'œil juste; la parfaite connaissance de la vie, du caractère, des services, des aptitudes des candidats; s'ils ont la certitude que les sujets qu'ils ont à classer ont été réellement triés parmi les plus capables par les inspecteurs qui les ont présentés; enfin s'ils ont les moyens de s'assurer qu'au physique et au moral ils ne peuvent pas mieux choisir dans l'intérêt de l'État : nous admettrons, jusqu'à un certain point, sous la condition expresse que ni le président, ni les ministres, ni les femmes ne s'en mêlent, que ce jury arrive approximativement à une solution à peu près satisfaisante.

En attendant, nous proposons de retourner la question.

Plus d'inspections annoncées trois mois d'avance ; plus de comités, plus de classement : économie !

Que chaque officier ait un livret ou une feuille individuelle indiquant :

1° Ses états de services, détaillés ;

2° Ses notes, etc. ;

3° S'il est sur la *liste d'aptitude*.

Nous glisserons sur l'article 2, dont il n'entre pas dans notre plan restreint de donner le développement ; mais nous devons insister un peu sur ce que nous entendons par *états détaillés des services*.

Nous avons connu des officiers qui avaient, sur leurs états de services, à l'article *campagnes* : « en Afrique de 1845 à 1860 », ce qui leur attribuait trente campagnes.

Or ces officiers n'avaient jamais, suivant l'expression d'un vieux troupier, entendu tirer le canon qu'à la Saint Philippe ou à la Saint Napoléon, ayant fait toutes ces campagnes dans les bureaux d'Alger ! Et cela ne les empêchait pas de primer plus tard un camarade qui n'avait passé que trois ou quatre ans en Afrique ou en Crimée, mais toujours en expédition, au feu, en face de l'ennemi ! *les états de services ne l'indiquent pas !*

Nous arrivons à poser cet axiome : il est bien plus facile de constater l'inaptitude d'un officier à des fonctions supérieures que de le classer au point de vue de son mérite ; en d'autres termes, il est plus facile *d'éliminer* que de choisir.

Conclusion :

Plaise aux Chambres de voter, au

Président de promulguer ce qui suit :

En temps de paix, tout officier ayant, par ancienneté, le n° 1 pour passer au grade supérieur, y sera immédiatement promu s'il est sur la liste d'aptitude lorsque l'emploi sera vacant. Faute par le n° 1 de remplir les conditions voulues, le n° 2 sera promu et ainsi des autres, en suivant invariablement le contrôle.

Voilà le problème résolu.

Nous croyons donner ainsi la récompense due aux services en même temps que nous maintenons le sage principe du choix fait dans l'intérêt de l'État; les deux modes d'avancement sont fondus en un seul, logiquement.

Nous rajeunissons réellement l'armée puisque nous appelons tout de suite au grade supérieur tous ceux que l'ancienneté ou le choix n'y auraient amenés que plus tard.

Au point de vue des garanties, nous affirmons que tel chef qui, dans un comité,

subirait peut-être une influence au profit
d'un candidat, n'osera jamais, s'il est digne
de porter l'épaulette, borner la carrière
d'un officier sans être certain de ne pas
commettre une injustice. D'ailleurs, les
notes sont là; il est possible aussi d'ad-
mettre un mode d'appel, etc.

En temps de guerre, le canon et la maladie se chargent de l'avancement et il n'y
a pas à s'en préoccuper. Nous reconnais-
sons en outre que les actions d'éclat, les
hautes capacités révélées et les nécessités
du service priment tout.

La plus forte objection que l'on puisse
faire à notre projet c'est que l'élimination
blesserait peut-être l'amour-propre des
officiers.

Mais nous n'éliminons pas plus par la non
inscription sur la liste d'aptitude que par la
non admission au tableau d'avancement.
Étudiez d'ailleurs la nature des compensations à offrir aux bons serviteurs qui ne sont
pas capables d'aller trop haut : vous n'aurez

pas, la plupart du temps, à limiter leur carrière, parce que la modestie du plus grand nombre ira au-devant de votre décision, par un renoncement spontané.

Nous affirmons que notre système, bien étudié, bien compris et bien développé donnerait, dans tous les cas, dès résultats, meilleurs que l'ancien, dont nous n'avons constaté, à part quelques exceptions, que les déplorables effets, même en nous bornant à l'appréciation des aptitudes physiques.

Si vous ne vous en rapportez pas à nous, que vous rangez peut-être au nombre des mécontents, allez assister à quelque beau défilé, à quelque brillante manœuvre et braquez votre lunette sur les états-majors; quand vous verrez un gros ventre mal équilibré sur un cheval trop gras, dites hardiment : voilà un choix !

Et maintenant reprenons notre récit.

Quelques bons camarades, qui avaient perdu mes traces et qui les retrouvaient grâce à mon article dans *le Nord*, m'écrivirent aussi à cette occasion.

Je transcris avec plaisir ces quelques lignes de l'un d'eux, comme un spécimen des sentiments et des idées de cette époque :

« Stettin, 25 février 1871.

« Mon cher ami, grandes furent ma sur-
« prise et ma joie en découvrant sur une
« des pages du *Nord*, au bas de quelques
« lignes bien senties, la signature d'un vieil
« ami dont j'avais perdu la trace et que la
« chronique avait rayé du nombre des vi-
« vants depuis la fatale journée du 1er sep-
« tembre.

« Vivat donc, mille fois vivat notre an-
« tiquo victore qui tam bene parlat! Non
« seulement vous êtes encore debout, mais
« je vois avec plaisir que le sang qui cou-
« lait dans vos veines dans le bon vieux
« temps ne s'est pas encore attiédi, malgré
« les douches à l'ordre du jour qui en ont
« refroidi tant d'autres. Et si la rapière a
« le temps de se rouiller dans votre four-

« reau, du moins votre plume ne se rouille
« pas. Puisse le trait qu'elle vient de déco-
« cher avec tant d'à-propos ne pas man-
« quer son but et atteindre partout où ils
« se cachent les êtres méprisables qui ont
« déjà fait tant de mal à la France et que
« je considère comme des ennemis plus
« dangereux que ceux qui sont en train de
« lui manger la laine sur le dos. En tout
« cas, je suis heureux de me faire auprès
« de vous l'interprète de l'adhésion sincère
« de la plupart des camarades (je parle des
« bons) qui cristallisent ici avec moi et qui
« s'associent de cœur et d'esprit à votre
« simple et énergique protestation.

« Après les déplorables expériences que
« nous venons de faire, nous ne saurions,
« je crois, trop nous tenir en garde. Lais-
« sons les événements et ceux qui les di-
« rigent nous dicter nos devoirs et quand le
« moment sera venu pour nous de les con-
« naître, sachons obéir. En attendant, si-
« lence dans les rangs. »

On voit que nous étions un certain nombre du même avis. Plus tard il y eut au pouvoir un ministre qui avait juré la guerre aux mauvais et promis son appui aux bons; mais si l'on était obligé de tenir tous les serments de ce genre, on ne resterait pas longtemps ministre...

C'est fâcheux, sans doute, mais il paraît qu'il en a toujours été ainsi et il est à craindre qu'il n'en soit jamais autrement.

Alphonse Karr l'a dit : Plus ça change et plus c'est la même chose !

*
* *

On sait que l'armistice fut signé le 28 janvier 1871 ; dès lors nous considérions la guerre comme terminée de fait.

On parla bientôt de notre rentrée en France : le maréchal partit le premier.

Quelques jours après, le général von Saënger, qui commandait à Wiesbaden et qui, je lui rends cette justice, se conduisit toujours poliment envers nous — il était d'origine polonaise — nous communiqua des instructions en vertu desquelles ceux d'entre nous qui étaient mariés pourraient, sur leur demande, être autorisés à partir dans un court délai.

Pourquoi cette faveur aux gens mariés? Je me le demande encore aujourd'hui.

Était-ce à cause de leur plus grande vertu? Était-ce à cause du plus grand intérêt qu'inspiraient leurs femmes?

Entre la galanterie de la Prusse et son amour pour la vertu, j'hésite à me prononcer.

Je faisais partie de la catégorie favorisée et je résolus d'abord d'en profiter, surtout parce que ma femme avait hâte d'aller retrouver sa mère gravement malade. Mais pendant que nous attendions l'autorisation demandée, une dépêche télégraphique nous apprit que l'état de ma belle-mère empirait et sa fille, naturellement inquiète et impatiente, se mit en route sur-le-champ. Le même jour j'écrivis au gouverneur que les circonstances ayant changé je renonçais à ma demande et que je voulais partager le sort commun; je ne quittai donc Wiesbaden qu'avec la masse de mes camarades célibataires.

Les ordres du gouvernement français nous avaient interdit de nous rendre à Versailles sans y être mandés; nous devions tous être rapatriés par Chambéry.

Comme toujours, je crus devoir obéir scrupuleusement : beaucoup ne le firent pas qui ne s'en trouvèrent pas plus mal par la suite, au point de vue de leurs intérêts. On croirait volontiers qu'en France les règlements ne sont faits que pour les naïfs !

Enfin, un beau soir, après avoir reçu d'un caporal prussien, qui à lui seul représentait les bureaux de l'intendance, un morceau de papier grand comme la main en guise de passe-port et quelques thalers en guise d'indemnité, je montai dans un wagon. Je roulai toute la nuit et le lendemain matin j'étais en Suisse.

Là, je me sentis grandir d'une coudée : j'étais libre !

Les chagrins du passé, les inquiétudes de l'avenir n'avaient détruit en moi ni l'esprit d'observation, ni l'amour des voyages : l'humble écrivain qui vient aujourd'hui se recommander à votre indulgence n'avait jamais vu la Suisse ; il acheta donc à Bâle un carnet de notes et tailla son crayon.

Je fus agréablement surpris, en prenant le train de Genève par Berne et Fribourg, des améliorations introduites par l'Helvétie dans l'art de voyager en chemin de fer. Les wagons, reliés les uns aux autres, formaient une suite de pièces, salons, salles à manger, cabinets de lecture et autres d'un confortable réel. On pouvait s'y promener comme dans les corridors d'une honnête maison ! La vitesse, moins grande que chez nous, mais à mon avis suffisante, permettait aux voyageurs d'admirer les sites qui se déroulaient à côté d'eux, en même temps que l'installation leur laissait toute facilité de satisfaire sans précipitation, et sans les sacrifier l'un à l'autre, tous les besoins auxquels la nature humaine est soumise. Ne vaut-il pas mieux mettre vingt-quatre heures au lieu de vingt à parcourir un trajet que de passer ces vingt heures dans les privations, la contrainte et l'ennui, au grand péril de la santé ?

Je ne pus visiter que très sommairement Berne et Fribourg ; je n'en ferai donc pas des descriptions qui d'ailleurs ont été faites cent fois. Ce qui m'étonna le plus dans ces villes libres c'est le grand nombre de choses qui y sont interdites. A chaque carrefour on lit sur un écriteau : es ist verboten zu... (il est défendu de...)

Défense de trotter, défense d'entrer avec un chien, défense de stationner, défense de pêcher dans la rivière, défense de s'arrêter sur le pont, etc., etc.

La liberté de la Suisse ne consisterait-elle qu'à fabriquer de l'absinthe et des fromages ?

Cette question posée diminue mon admiration pour Guillaume Tell, qui me semble avoir laissé son œuvre incomplète.

Si mes illusions furent atteintes de ce côté, j'eus, pendant le trajet, un agréable dédommagement.

Je me disposais à déjeuner et je m'attablais déjà devant un couvert aussi coquettement mis que dans un des premiers restaurants de Paris.

A l'angle opposé, une jeune dame se préparait à en faire autant; mais quand le garçon qui devait la servir étendit la nappe devant elle, elle parut prendre tout à coup son parti, se leva et vint droit à moi.

— Monsieur l'officier français, me dit-elle d'une voix harmonieuse, je suis madame Z..., Hollandaise. Je voyage seule et je ne serais pas fâchée de trouver une protection loyale et une compagnie agréable : voulez-vous m'accorder l'une et l'autre et, pour commencer, me permettre de déjeuner à votre table?

14.

On pense avec quel empressement un commandant d'état-major, qui n'a jamais passé pour sauvage, dut accepter une si honnête proposition.

Qui m'en blâmera? Quelques rigoristes d'outre-Rhin, peut-être?

Messieurs les Prussiens nous ont toujours prêté des intentions perverses et ont fait de nos mœurs des peintures effroyables.

Ils appellent Paris la grande Babylone moderne.

Il paraît qu'en Hollande on a meilleure opinion de nous.

Qu'ont donc à nous reprocher ces puritains casqués?

Nous sommes légers, sans doute. Nous plaisantons un peu trop sur toutes choses, c'est vrai. Nous rions beaucoup, nous faisons d'affreux calembourgs, nous traitons cavalièrement celles des femmes qui ne peuvent être traitées autrement, je l'accorde!

Mais nos mœurs ne sont pas si mauvaises,

messieurs les Berlinois, que vous le prétendez, et affectez de le croire.

Nous ne sommes corrompus, nous, qu'à
la surface.

Pouvez-vous en dire autant?

Hier encore, un de mes amis qui arrive
du Brésil, m'affirmait qu'à Rio-Janeiro
presque toutes les femmes de mauvaise vie
viennent des bords de la Sprée. Les Fran-
çaises ne fournissent pas le moindre contin-
gent à la prostitution américaine.

En présence de l'honnêteté nous sommes
honnêtes; devant un sentiment sérieux nous
ne rions plus et notre chevalerie a toujours
été la protectrice la plus sûre et la plus dé-
vouée de l'honneur des dames.

Nos mères, nos sœurs et nos filles le
savent bien et elles se conduisent en conséquence : ce n'est pas elles qui verseraient
aux vainqueurs notre petit vin blanc!

L'aimable étrangère qui m'accordait sa
confiance n'eut, j'ose le dire, qu'à s'en louer
et le temps s'écoula pour nous jusqu'à Ge-

nève avec rapidité. Mme Z... avait une éducation parfaite, une instruction supérieure et son mari, l'un des docteurs les plus estimés de la Hollande, pouvait converser avec elle sur tous les sujets.

A Genève, nous descendîmes dans le même hôtel, situé en face du lac. Nous fîmes ensemble une bonne promenade sur ces splendides rivages et, l'heure du dîner venue, je lui offris mon bras pour aller prendre place à la table d'hôte.

Les convives y étaient nombreux et, quand nous entrâmes, sa beauté, sa jeunesse, sa grâce produisirent une vive impression. On nous prit pour mari et femme, ce dont je fus — je m'en confesse — passablement orgueilleux. La conversation s'engagea et devint bientôt générale et animée, sous l'influence de ces franches allures et de cette gaîté communicative qui faisaient le grand charme de ma séduisante compagne de voyage. Enfin, nous passâmes tous une soirée délicieuse. A onze heures,

Mme Z... prit congé; je la reconduisis jusqu'à sa porte; là elle me fit ses adieux, me donna une bonne poignée de main et, le lendemain matin à cinq heures, elle était partie.

Un Prussien me demanderait si elle avait exactement payé sa note : je ne fais pas au lecteur l'injure de supposer qu'il puisse m'adresser la même question.

J'arrivai à Chambéry; j'y reçus une feuille de route; vingt-quatre heures après, j'étais chez moi.

Parti de Toulouse, ainsi que je l'ai raconté dans la *première partie*, j'y rentrais plus déplumé que le pauvre pigeon de la fable. Naturellement je ne faisais plus partie de l'état-major que j'avais quitté huit mois auparavant : j'étais en disponibilité et je n'avais à remplir envers l'autorité locale que les formalités d'usage, en attendant que le ministre me donnât une nouvelle destination.

Je ne fis aucune démarche et puisqu'il

m'était interdit de me présenter à Versailles, je ne crus pas nécessaire d'entrer provisoirement dans les bureaux de Toulouse, malgré la bienveillante invitation que m'en fit le général.

Ma position ne me paraissait pas y être aussi naturellement indiquée que le général P... semblait le croire.

Certes je n'avais aucune prétention et la position la plus humble m'aurait convenu; mais enfin qu'avaient fait de plus que moi les officiers sous les ordres desquels on voulait me placer?

Je retrouvais là comme général de brigade un lieutenant-colonel qui était à Toulouse lors de mon départ pour Strasbourg, et qui, depuis, n'avait jamais quitté cette résidence. J'aurais eu pour chef immédiat un commandant commissionné dont je n'avais jamais lu le nom sur les contrôles de l'armée active!

Dans des positions semblables, certains personnages nous parlent volontiers de patriotisme et nous exhortent à l'abnégation ; mais je dois faire observer que ces personnages sont toujours parfaitement casés : je n'ai pas autre chose à dire !

Ce genre d'exhortation m'a même été adressé, depuis que j'ai pris ma retraite, par un préfet qui voulait me persuader, toujours au nom du patriotisme, que mon devoir était d'accepter les fonctions de maire, dans une commune ingouvernable. Je répondis doucement à ce fonctionnaire que s'il voulait se charger lui-même d'administrer cette commune pendant six mois, je m'offrais à gérer sa préfecture pendant le même temps et à moitié prix.

Le préfet a refusé net !

*
* *

Je me réfugiai donc dans un petit coin que j'avais acheté quelque temps avant la guerre et que j'avais quitté si précipitamment que la maison était restée sans toiture. Mes loisirs furent naturellement em-

ployés à consolider mon nid et, au moment
où il commençait à être en état de nous
abriter, je reçus du ministre l'ordre de me
rendre à Rouen, où je devais faire les fonctions de chef d'état-major, pendant que le
titulaire irait aux eaux. Les Prussiens venaient de quitter cette ville.

Là m'attendaient de nouvelles épreuves :
que le lecteur se rassure cependant, elles
n'eurent rien de tragique. Là j'ai pu vérifier une fois de plus ces paroles déjà citées
d'Alphonse Karr : plus ça change et plus
c'est la même chose.

Par déférence pour mon titulaire, qui
m'avait écrit de me hâter parce qu'il ne pouvait pas s'absenter avant mon arrivée, je
partis trop tôt pour recevoir la lettre suivante, qui me fut renvoyée à Rouen :

« 21 avril 1871. — Mon cher T..., je me
suis départi pour vous de la règle que je
m'étais imposée : j'ai été voir le ministre
uniquement pour lui parler de vous. Il m'a
écouté avec beaucoup de bienveillance et

il m'a dit que non seulement vous êtes un bon officier, mais que vous avez un bon esprit. Il a pris note de votre nom en ma présence et il se réserve de faire quelque chose pour vous, car notre conversation à votre sujet n'a pas été banale. Venez donc ici, vous terminerez votre affaire avec lui.

« Tout à vous et aux vôtres,

« général S... »

Si j'avais pu aller à Versailles comme j'y étais engagé, j'aurais *enlevé* cette affaire et ma carrière n'eut probablement pas été brisée comme elle le fut quelques mois après.

Est-ce un bien? Est-ce un mal? Je n'ai aucun regret puisque j'ai fait mon devoir. Je crois même que sous beaucoup de rapports il vaut mieux qu'il en ait été ainsi : l'indépendance est le premier des biens!

Une fois à Rouen je ne m'appartenais plus et je n'aurais pas même osé demander d'aller à Versailles pour un intérêt personnel. Le général V... me prévint que je ne devais plus songer qu'au travail et que j'allais en être accablé.

Si par travail on entend l'obligation de s'immobiliser dans un bureau et d'y cristalliser d'infortunés collaborateurs, certes j'en avais en quantité plus que suffisante.

Mais si le travail consiste en l'exécution de choses utiles et urgentes, je dois avouer que ma tâche eut pu être excessivement facile.

La première grande opération à laquelle je dus procéder, sur l'invitation instante des bureaux de la guerre, fut le compte rendu des imprimés de congé.

Oh!!!...

Je veux dire à mes contemporains, je veux apprendre à la postérité ce que c'est qu'un compte rendu des imprimés de congé.

Il n'y a rien au monde de plus difficile, rien au monde de plus important.

Les soldats quittent le service soit, quand ils ont fini leur temps, avec un *congé de libération* ou avec leur retraite, soit, quand ils ont des infirmités ou des blessures qui les empêchent de servir, avec un *congé de réforme.*

Il y a le congé de réforme nº 1 et le congé de réforme nº 2.

Le nº 1, délivré à la suite de blessures ou de maladies contractées dans le service, donne droit à certains avantages; le nº 2 ne donne droit à rien du tout.

Or c'est ici que je réclame toute votre attention car, si vous me la refusez, vous ne serez jamais à la hauteur de cette belle administration que *l'Europe nous envie!*

Or donc, les imprimés sur lesquels sont établis ces différents congés sont confiés aux généraux commandant les divisions territoriales. Ces généraux en sont responsables; ils les délivrent aux corps de troupe, au fur et à mesure des besoins, contre des reçus en bonne forme; et ils en demandent à Paris quand ils n'en ont plus. Un registre spécial constate la sortie et l'entrée, dans les archives divisionnaires, de ces imprimés aussi sévèrement gardés que les billets de la Banque de France. A la fin de l'année on en établit le bilan et l'on adresse au ministre un état spécial, qui est le compte rendu.

Mais les Prussiens, en quittant Rouen, avaient outrageusement bousculé nos archives; les registres n'existaient plus!

Seuls les imprimés de congé avaient été retrouvés au fond d'une armoire. Étaient-ils au complet? Je n'en savais absolument rien.

A l'invitation qui m'était faite de fournir le fameux compte rendu — rien de Necker — je répondis donc très respectueusement : 1° Que nous n'avions plus ni registre, ni archives; 2° qu'il était passé à Rouen, pendant la guerre, un très grand nombre de régiments dans des conditions diverses et qu'il était bien difficile de leur demander aujourd'hui s'ils avaient reçu des imprimés, s'ils en avaient donné quittance, etc. ; 3° qu'heureusement et comme par miracle j'avais retrouvé un certain nombre d'imprimés, qu'il nous en restait *tant* de chaque nature, que nous en prenions note sur un registre neuf, et que désormais, surtout si l'on m'envoyait un archiviste auquel j'avais droit et dont je n'avais pas le temps de cumuler les fonctions, la comptabilité de cette partie importante du service serait assurée et que la délivrance des imprimés suivrait son cours régulier et réglementaire.

J'en rendrais compte à la fin de l'année.

Ouf ! je m'en croyais quitte.

Le ministère me laissa huit jours tranquille et, au bout de huit jours, m'écrivit avec un calme imperturbable qu'il n'avait point reçu le compte rendu annuel des imprimés de congé et qu'on eut à le lui faire parvenir dans le plus bref délai !

J'ai exercé deux mois à Rouen les fonctions de chef d'état-major : j'ai reçu quatre fois la même lettre et j'y ai fait quatre fois la même réponse ! heureusement que cela ne m'a pas empêché de dormir.

Le titulaire revint : il était seul de force à résoudre le problème, en fournissant au ministère un de ces états comme il les aime, états qui n'ont pas le devoir d'être plus sincères qu'une vieille coquette, pourvu que, comme elle, ils soient bien habillés.

J'en aurais été incapable ! Je ne suis, moi, qu'un pauvre romancier littéraire ; il était, lui, un habile romancier administratif !

Je crois encore cependant que l'on pouvait mieux employer son temps. En somme, j'étais dépositaire d'un certain nombre d'imprimés, je n'avais nullement l'intention de les manger en salade et je soutiendrai toujours qu'à peine délivrés des Prussiens nous avions des choses plus utiles à faire qu'à rendre compte de quelques feuilles de papier !

Je n'engagerai néanmoins aucun officier d'état-major, même breveté, à adopter une manière de voir aussi hardie, s'il a quelque souci de son avancement.

J'arrive enfin au moment de ma plus grande gloire.

Et moi aussi j'ai couronné l'édifice !

Le ministre de la guerre venait de faire connaître par une circulaire qu'il désirait que l'instruction de l'armée fut, sous tous les rapports, développée dans la plus large étendue. Il engageait les généraux à prendre à ce sujet toutes les dispositions qu'ils jugeraient convenables ; il les invitait à lui en rendre compte à des époques déterminées.

Comme on parle beaucoup depuis quelque temps de l'abolition des armées permanentes, que l'on remplacerait par une garde nationale aussi intrépide qu'instruite, il est bon que tous les citoyens connaissent la manière de développer l'instruction dans une armée quelle qu'elle soit. J'engage donc messieurs les bourgeois et même messieurs les ecclésiastiques à lire avec attention le chapitre suivant.

*
* *

De mon temps, quand le ministre de la guerre voulait développer dans l'armée n'importe quoi, il adressait une circulaire à tous les commandants de corps d'armée pour leur dire : je désire développer telle chose ; prenez vos mesures en conséquence et rendez m'en compte.

Courrier par courrier, souvent même par le télégraphe, les commandants de corps d'armée répondaient : nous développons.

A leur tour, ils écrivaient à tous les généraux sous leurs ordres : il s'agit de développer, et vivement ! Prenez donc toutes les dispositions voulues et faites-les-moi connaître.

Les généraux s'adressaient alors aux colonels et les mettaient en demeure de développer dans les vingt-quatre heures et de leur envoyer le détail des mesures qu'ils avaient prises à cet effet.

A la réception de cet ordre, tous les régiments développaient avec la plus noble émulation.

Quant à moi, j'ai toujours eu, je l'avoue, l'imagination un peu inquiète et ambitieuse du mieux ; mon caractère chercheur (on l'a quelquefois et à cause de cela noté frondeur) ne s'accommodait pas de cette manière de développer l'instruction et je crus devoir adresser au général V... la note suivante, à la suite des rapports qu'il avait demandés et que j'avais lus sur ce sujet.

NOTE ADRESSÉE

A Monsieur le général de division L. de V.

sur l'exécution des prescriptions ministérielles du 28 septembre 1871

AU SUJET DE L'INSTRUCTION DE L'ARMÉE.

« Parmi tous les rapports qui sont ci-joints, un seul mérite de fixer l'attention, c'est celui du commandant H... Il contient d'excellentes idées sur l'enseignement général, particulièrement en ce qui concerne les lectures à faire aux soldats, le soir, dans les chambres.

« Plusieurs chefs de corps préconisent

l'enseignement par compagnie et posent en principe la responsabilité des chefs, à tous les degrés de la hiérarchie, relativement à l'instruction des hommes, dont la direction morale leur est confiée tout autant que l'instruction militaire. C'est une extension de la *théorie dans les chambres* aux cours des différents degrés. Les propositions faites à cet égard paraissent dignes d'être prises en sérieuse considération.

« Rien de neuf, du reste, dans tous les projets soumis à votre examen.

« Une direction générale de l'instruction me paraît nécessaire à établir : elle partirait des grands centres, où le personnel est nombreux et les ressources abondantes.

« A Rouen, par exemple, il serait aussi facile qu'utile de créer, pour les officiers, une *École supérieure divisionnaire.*

« Elle serait aux écoles régimentaires ce que les facultés sont aux collèges.

« On y enseignerait *l'art d'étudier ;* on y prendrait l'amour du travail.

« Elle formerait des professeurs, régulariserait les méthodes, surveillerait les différentes branches de l'enseignement primaire, ferait passer les examens nécessaires pour constater les résultats obtenus, proposerait au général les récompenses à donner, etc.

« Voici comment je comprendrais cette création si j'en étais chargé.

« Je demanderais qu'il me fût adjoint deux officiers capables par régiment ; en outre, un officier du génie, un de l'artillerie, un adjoint à l'Intendance.

« Dans une ou deux séances préparatoires, je m'entendrais avec eux pour la répartition des cours : histoire, géographie, littérature et grammaire, fortification, artillerie, art militaire, administration, législation, etc.

« Nous tracerions ensemble les programmes pour les officiers et nous vous soumettrions, en ce qui concerne les cours régimentaires, un projet général à mettre en pratique dans tous les corps de la Division.

« Dans un local (à choisir), aux jours et heures (à indiquer), tous les officiers (obligatoirement jusqu'au grade de capitaine inclusivement, sauf les exceptions motivées) seraient réunis en conférences.

« L'enseignement supérieur partirait de là pour aller se ramifier dans les différents corps, où l'instruction serait dirigée en détail, suivant les programmes arrêtés, par les membres de l'école divisionnaire ou par les officiers chargés spécialement des écoles.

« A sa source, c'est-à-dire à l'école supérieure divisionnaire, l'enseignement n'aurait pour but que la propagation des idées générales. Sa mission serait surtout de montrer comment on étudie, d'inspirer le goût du travail, de faire naître l'émulation.

« *C'est parce que l'enseignement est aride que l'étude est négligée :* nous tâcherions d'éviter cet écueil.

« En histoire, par exemple, si j'étais appelé à faire ce cours, je ne voudrais pas suivre invariablement une période chronologique — tout le monde peut le faire avec des livres, — mais je m'attacherais à indiquer comment l'esprit humain doit profiter de l'étude des hommes et des choses.

« L'histoire est un fleuve encore assez trouble où chacun pêche suivant ses moyens : les uns en retirent des perles, les autres n'y trouvent que des cailloux. Un jour, je rapprocherais trois noms : César, Charlemagne, Napoléon, et je montrerais ces trois hommes, presque toujours inconscients de leur mission, menant au but providentiel le monde soumis à leur pouvoir : César au christianisme, Charlemagne à la civilisation, Napoléon à la liberté !

« Un autre jour, je rapprocherais deux dates : 814-1814 !

« Dans une séance je raconterais Jeanne d'Arc et je ferais l'histoire de Rouen.

« En littérature, j'analyserais et surtout

je lirais les grands maîtres. Je tâcherais de les faire comprendre, je tâcherais de les faire aimer.

« L'officier d'artillerie prendrait cinq ou six conférences pour faire l'historique des armes, des perfectionnements apportés aux machines de guerre, etc.

« L'officier d'administration résumerait en quelques séances les grands principes de la science : administrer c'est constater les positions, en déduire les droits, rendre compte des allocations ; tout est là, dirait-il, et il le prouverait.

« Nous ne manquons pas d'hommes spéciaux et nous n'avons pas besoin d'argent: le génie nous prêtera bien un tableau et quant au verre d'eau sucrée de l'orateur, on le prendra sans sucre !

« En résumé, et puisqu'il s'agit, aux termes de la circulaire ministérielle, d'employer les loisirs de la saison d'hiver, je pense que, notre général de division défrichant la forêt de Rouvray, notre école défrichant les intelligences, l'hiver se passera fort bien, s'il plaît à Dieu.

« Rouen, le 17 octobre 1871.

« *Le commandant*, etc. »

Signé :

Quoique cette note s'écartât un peu, comme idées et surtout comme style, des traditions officielles, le général V... la trouva de son goût. Le général était un ami intime de M. Thiers ; il avait appris, en le fréquentant, qu'on peut traiter des choses sérieuses sans s'imposer l'obligation d'être absolument ennuyeux. Par un *ordre de la division* en date du 25 octobre, il me nomma directeur de l'École supérieure divisionnaire et me chargea de tout organiser.

Les moyens d'exécution me manquaient un peu : je fis des démarches auprès du Maire et j'eus un local ; j'en fis auprès du Recteur et j'eus des professeurs d'histoire, de littérature, de physique, de législation, etc.

J'ouvris moi-même la première conférence dans la grande salle de l'Université, en présence de toutes les autorités de la ville et devant tous les officiers de la garnison.

Je crois même me rappeler qu'il y avait des dames !

Il me fallut beaucoup de courage pour prendre la parole et pas mal d'habileté pour paraître parler d'abondance, tout en suivant sur des feuillets chargés d'une grosse écriture et où j'avais l'air de consulter des notes, le fil de mon important discours.

Je me permettrai d'en citer quelques passages : ils prouveront que malgré nos malheurs nous n'étions pas trop découragés; peut-être même ouvriront-ils un horizon nouveau à ceux qui laissent les gens dans les ornières et qui se plaignent ensuite que l'on n'aille pas assez de l'avant.

Après des remerciements bien sentis aux protecteurs de notre œuvre, après un programme tracé succinctement et l'éloge des professeurs qui nous accordaient leur concours, j'entrais dans la discussion et, m'adressant à mes seuls auditeurs militaires :

« En quoi, me demanderez-vous, toutes ces conférences ont-elles rapport à notre métier ? Nous avons besoin, d'abord et surtout, d'apprendre ce qui nous est directement utile !

« A ce besoin incontestable, les travaux de la commission que nous avons l'honneur de présider s'efforcent de pourvoir.

« Mais en attendant ce résultat, que nous ne désespérons pas d'obtenir, avec l'aide de nos camarades, nous nions formellement messieurs, qu'il soit possible d'être un militaire distingué si l'on est pas un homme instruit. Quelle branche se grefferait sur un arbre qui n'a pas de racines ?

« Vous êtes-vous demandé jamais ce que doit savoir un chef d'armée pour être réellement et en toutes circonstances à la hauteur de sa mission ?

« A l'époque ou nous vivons, messieurs, nulle guerre n'est logique, nulle guerre n'est juste si elle n'est pas une guerre de défense ou de légitime revendication, ou tout au moins si elle n'a pour objet de porter d'un territoire sur un autre la civilisation et le progrès au nom du droit.

Ceux qui font aujourd'hui la guerre de conquéte peuvent — cela n'est malheureusement que trop démontré — triompher un moment. Mais leur œuvre fragile et injuste périra parce qu'elle est condamnée aux yeux du monde civilisé et devant le tribunal suprême de la Providence.

« Nous en avons la conviction intime. N'est-ce pas là notre consolation, notre espoir à tous ?

« Le seul but légitime de la guerre étant de faire triompher la civilisation et le droit, il faut que le chef d'une armée représente le droit et la civilisation comme il représente la force.

« Un général en chef doit être à la fois

un grand capitaine, un économiste, un
législateur, un financier!... J'ajouterais
volontiers un théologien.

« Vous souriez? rappelez-vous Mahomet.

« Un grand capitaine ? cela n'a pas besoin
de commentaires.

« Un économiste? pour réorganiser l'a-
griculture, le commerce et l'industrie dans
un pays où il a suspendu nécessairement
la vie active et les forces productives.

« Un législateur? pour être en mesure
de substituer des lois nouvelles et bonnes
à des lois anciennes et mauvaises — ou
pour accorder entre elles les institutions
qu'il trouve dans la contrée envahie et celles
qu'il veut y introduire.

« Un financier? pour créer des ressources; pour trouver l'argent qui se cache;
pour établir des impôts féconds sans exiger
des taxes vexatoires; pour enrichir sa
patrie sans ruiner les vaincus.

« Enfin, si nous voulons bien faire grâce
au général en chef de connaissances théo-

logiques étendues, nous lui demanderons cependant de savoir se rendre compte des rapports et des différences qui peuvent exister entre les cultes divers. Vous n'ignorez pas, en effet, combien d'établissements ont été rendus impossibles en pays étranger à cause des questions religieuses, souvent par la faute d'un homme qui n'a pas su ménager les croyances, bien qu'il eût respecté les intérêts.

« Et, pour être un grand capitaine seulement, ne faut-il pas posséder la stratégie et la tactique? connaître l'administration, la fortification, l'artillerie, la topographie, la télégraphie? Ne faut-il pas être capable de rédiger une proclamation ou un ordre du jour dans un style qui entraîne l'armée, rassure la nation ou, au besoin, la soulève? Comment acquérir, comment entretenir ces vastes connaissances, si vous n'êtes pas nourris de la littérature nationale, si vous n'êtes pas préparés, par des études sérieuses, aux applications, si nombreuses à faire, de la science à votre noble profession?

« Nous n'avons pas, nous direz-vous, la prétention de devenir des généraux en chef.

« La voie semble, en effet, un peu obstruée pour le moment ; mais enfin *chi lo sa ?* comme disent nos bons amis les Italiens.

« Et, d'ailleurs, s'il est des échelons à franchir entre le sous-lieutenant et le général, les connaissances nécessaires au général ne sont-elles pas, à un degré inférieur, nécessaires au sous-lieutenant. Attendrons-nous que nous soyons généraux pour nous instruire ? Nous croyons vraiment qu'il serait bon de prendre un peu l'avance.

« Enfin, messieurs, l'armée est une classe d'élite dans la société et les officiers des hommes d'élite dans cette même classe. Cette raison ne sera pas, nous l'espérons, sans quelque valeur aux yeux de ceux que nous n'avons pu convaincre. »

Après avoir réfuté de mon mieux plusieurs autres objections, je poursuivais :

« Rouen va devenir le centre de grands travaux qui se relieront à un nouveau système de défense nationale.

« Une vaste forêt, entourée par la Seine d'un rempart naturel, va tomber pour faire place à un formidable arsenal de guerre. Elle rapportait peu de chose à l'État, elle va produire une chose inestimable, la sécurité, le plus précieux des trésors pour une nation.

« Un splendide polygone, des casernes monumentales, un champ de manœuvres et de tir en rapport avec les nécessités de l'art moderne, vont être créés sous vos yeux et montreront à l'Europe qu'après avoir marché si longtemps en avant de tous dans la voie du progrès, nous ne serons jamais de ceux qui restent en arrière, quelles que soient envers nous les rigueurs de la fortune.

« Mais il faut travailler, messieurs !

« Refuge de toutes les nobles douleurs,

source de toutes les gloires méritées, le travail seul peut rendre à notre patrie en deuil les joies qu'elle ne connaît plus !

« Élevons-nous, dès aujourd'hui, messieurs, à la hauteur des circonstances et donnons l'exemple des vertus militaires qui ont toujours été, même aux époques les plus tourmentées de notre histoire, l'honneur de l'armée, l'orgueil de la nation !

« Que dans ce patriotique élan chacun s'oublie, chacun se dévoue et fasse volontiers l'abandon de ses prétentions personnelles.

« Quel est celui qui, dans une carrière comme la nôtre, pourrait ne pas avoir été déçu. Convient-il aux jeunes d'incriminer les anciens ? Convient-il aux anciens d'envier les jeunes ? Non ! que ceux qui attendent soient patients ! que ceux qui ont souffert soient généreux ! L'honneur du drapeau vaincu vous le demande ; la voix de la France humiliée vous en supplie !

« Que penseriez-vous, messieurs, d'un passager qui, embarqué par une mer orageuse sur un navire près de sombrer, s'occuperait de mettre en ordre et d'étiqueter les colifichets qu'il aurait dans sa valise ? Vous le regarderiez sans doute comme un fou. Folie douce? inoffensive ? Non, messieurs, folie criminelle ; car si cet homme a le droit, contestable cependant, de faire bon marché de sa vie, il a le devoir de secourir ses semblables et de leur venir en aide au sein du commun péril. '

« Nous sommes, nous aussi, par un ciel sombre, sur un océan tourmenté, les passagers d'un navire qui a reçu, hélas ! plus d'une avarie.

« Aux pompes d'abord et au calfatage ! Nous nous occuperons plus tard de ranger nos cabines !

« Nous ignorons ce que l'avenir nous réserve et nous ne nous permettrons pas de développer devant vous nos théories personnelles sur les conditions dans lesquelles nous croyons que les nationalités se fondent, grandissent, ou sont dans l'obligation de se régénérer, quand elles ont été, comme la nôtre, en danger de mort.

« Mais nous pouvons vous dire, cependant, pourquoi nous avons foi, plus que jamais, dans les destinées de notre pays.

« Les peuples sont toujours, non pas ce que leurs gouvernements les font, mais certainement la cause première, l'expression comme valeur, des gouvernements qui émanent d'eux.

« Or, notre histoire est là pour nous apprendre que les uns ont dominé en France par la force, les autres par la politique ; que tel prince a représenté chez nous la noblesse féodale, tel autre le pouvoir militaire, tel autre l'influence de la bourgeoisie.

« Mais je ne sache pas qu'aucun homme encore ait été choisi pour gouverner la France par cette seule raison — une bonne raison cependant — qu'il était le plus capable de nous diriger. Si ce phénomène venait à se produire parmi nous, n'est-il pas vrai que tous les bons citoyens devraient en ressentir une grande joie ? en concevoir une immense espérance ? que tous devraient s'unir pour aider cet homme dans l'accomplissement de son œuvre ?

« Eh bien, nous croyons que ce fait d'un ordre supérieur, qui est à nos yeux le point de départ d'une ère nouvelle, est un fait accompli, et nous nous en réjouissons sincèrement.

« N'est-ce pas un grand bonheur, en effet, de pouvoir, après tant de cruelles épreuves, nous rallier autour de cette autorité que les honnètes gens de tous les partis acceptent sans hésiter ; la suprématie du talent, de l'expérience et du patriotisme ?

« L'exemple nous est donné d'en haut : travaillons, messieurs, travaillons toujours !

« Pour l'accomplissement du devoir, d'abord !

« Pour la réhabilitation de notre réputation militaire, ensuite !

« Pour la gloire aussi, peut-être ! et
pour la revanche ! »

Ce speech fut accueilli par un murmure
approbateur; le succès en était dû, sans
nul doute, à l'indulgence de mon auditoire,
mais il était surtout facilité par le récent
fiasco d'un magistrat, plus improvisé qu'im-
provisateur, qui devant une nombreuse et
très officielle assemblée, venait de donner
une piètre idée de l'éloquence profession-
nelle. J'eus même la satisfaction d'entendre
le général V... s'écrier en sortant : Bravo,
l'état-major ! décidément on aurait tort de
supprimer ces gaillards-là !

Nos conférences eurent lieu pendant tout
l'hiver et furent suivies avec plaisir, grâce
au talent des professeurs de l'Université de
Rouen. Quand il en fut rendu compte au
ministre de la guerre, il en témoigna toute
sa satisfaction au général V..., qui avait
eu l'heureuse inspiration de prendre cette

initiative. Le ministre de l'instruction publique vint même un peu plus tard visiter notre École supérieure, décora deux professeurs et honora des palmes académiques les chefs de corps qui avaient conduit le plus assidûment leurs officiers à nos cours. Quant au directeur, qui déjà plantait des choux, il ne pouvait nécessairement pas récolter des palmes ! Je demande pardon à M. Jules Simon de cette plaisanterie rétrospective.

*
* *

J'étais encore à Rouen quand M. Thiers y vint avec le général de Cissey. Mon chef d'état-major, de retour des eaux, n'étant pas en état de monter à cheval, dut m'abandonner l'honneur de les escorter toute la journée et ne reprit ses fonctions qu'au repas officiel.

Cette journée fut laborieuse et même assez fatigante, surtout pour mon cheval, qui dut suivre aux grandes allures les carrossiers de la Présidence ; mais j'étais heureux de voir de près M. Thiers, dont je ne perdis ni un geste ni une parole.

Avec mon enthousiasme encore entier pour les hommes d'esprit et de talent — je n'ai jamais eu que celui-là — j'admirais, non pas le Président de la République, tout le monde peut l'être, mais le journaliste d'autrefois, l'ancien ministre si fûté du Roi constitutionnel et surtout l'auteur de l'*Histoire de la Révolution et de l'Empire*. Pendant que je galopais, le sabre à la main, à la portière de son carrosse, il fixa un instant les yeux sur moi et demanda au général V... qui j'étais.

— C'est notre ministre de l'instruction publique, répondit le général.

Et le ministre ajouta : c'est un bon officier que je connais et que j'apprécie.

Je dus être fier de ces paroles flatteuses : elles étaient la récompense de mes modestes services ; si je n'en eus jamais d'autre, c'est

que probablement celle-là était jugée suffisante.

Je vois encore le groupe formé sur le
terrain où l'on s'arrêta pour discuter le
plan des établissements militaires que l'on
avait résolu d'entreprendre. M. Thiers
portait son fameux paletot et son chapeau
rond ; quand il mit pied à terre, il disparut
presque dans le cercle de nos uniformes.
D'un peu loin on pouvait le prendre pour
un collégien du petit lycée au milieu des
grands.

Il y avait deux emplacements désignés
pour y bâtir une caserne monumentale avec
toutes les annexes possibles : il s'agissait
d'abord de choisir entre les deux et ensuite
de décider si les officiers seraient tous logés
dans cette caserne ou si les officiers mariés
seraient autorisés à loger en ville.

Sur la première question, la discussion
s'engagea à propos des devis ; l'un des emplacements devait coûter environ cent mille
francs de plus que l'autre.

Quand chacun eut donné son avis, Thiers se décida pour le plus cher et comme notre attitude exprimait un certain étonnement :

— Eh messieurs ! nous dit-il, cent mille francs de plus ou de moins ce n'est pas une affaire !

Et là-dessus il exécuta prestement une pirouette circulaire que le duc de Lauzun lui eût enviée.

Au sujet des officiers mariés, la discussion s'échauffa.

Le général V... voulait que tous les officiers indistinctement habitassent la caserne et il s'exprimait à cet égard avec sa vivacité habituelle, la familiarité dont l'honorait le Président le dispensant de mesurer ses termes. Ce fut ainsi qu'il s'écria :

— Les gens mariés ! toujours les gens mariés ! Après tout, je m'en f... moi, des gens mariés !!

— Et moi, je ne m'en f... pas, général ! riposta le ministre, en affectant un grand calme. Si M. le Président veut m'en croire, les officiers mariés logeront en ville.

Thiers ne dit rien et se remit en marche d'un pas sautillant ; la question demeura en suspens.

Le ministre n'avait pas l'air fort satisfait : il resta un peu en arrière et je le suivis en tirant mon cheval par la bride.

Les circonstances étaient alors assez graves pour moi.

Je savais, depuis mon arrivée à Rouen, que M. de Cissey, à la suite de l'entretien qu'il avait eu à mon sujet avec le général S..., avait envoyé au bureau des états-majors une note dans laquelle il prescrivait la mise en non activité de deux lieutenants-colonels mal notés ; la vacance qui résultait de cette mesure m'était réservée ; un rapport devait être présenté, un décret préparé en conséquence.

Comptant donc sur la bienveillance du ministre, fort d'ailleurs d'une circulaire qui déclarait que le tableau d'avancement

dressé pendant la guerre servirait jusqu'à
la fin de 1872 (j'étais le premier à prendre),
je ne m'occupai pas de mes intérêts personnels et je me vouai tout entier à ma
grande école divisionnaire et à tous les
services en général, sauf pourtant le compte
rendu des imprimés de congé. Quant à ce
dernier, puissé-je n'en avoir jamais de
plus grave à rendre en ce monde et dans
l'autre !

Mais, pendant que je planais ainsi dans
les hautes régions de l'art, il s'était fait, à
Paris, un petit travail dont je n'étais pas
en position de m'apercevoir. Les ordres du
ministre étant formels, on avait préparé le
décret me concernant ; mais le chef de
bureau avait cru devoir faire observer,
dans son rapport, que ma nomination n'é-
tait pas très nécessaire, et le chef du personnel, renchérissant sur son inférieur,
trouvait, comme tous les hommes qui ont
une bonne place, qu'il n'y avait aucune
raison pour se presser.

En conséquence, le rapport, qui aurait dû être envoyé sans retard à Versailles, resta dans les cartons.

En même temps, quelqu'un trouva le moyen de me faire inscrire sur la liste des prisonniers qui, ayant violé leur parole et rompu leur ban, devaient être traduits devant la commission d'enquête !

J'en fus averti par un vieil ami que j'avais conservé dans les bureaux.

Pour parer ce coup imprévu, je crus ne pouvoir mieux faire que d'envoyer en communication au ministre la lettre qu'il m'avait écrite de Hombourg et qui prouvait péremptoirement que j'étais encore à Wiesbaden le 26 février 1871.

En même temps je m'adressais au général von Saënger pour en obtenir un duplicata de la pièce qui constatait mon départ régulier, et j'envoyai cette seconde preuve à l'appui de la première.

Dans ces conditions, il devenait impossible de me maintenir sur la liste des suspects et j'en fus rayé ; mais on avait gagné du temps et le ministre ne songeait plus à moi.

En outre, quoique toute pièce envoyée en communication doive, en principe, être renvoyée à qui de droit, on avait confisqué ma lettre de Hombourg.

On comprendra donc dans quelles dispositions d'esprit je suivais le ministre.

J'en ris aujourd'hui, mais je n'en riais guère alors, et je devais singulièrement ressembler à Hippolyte, avec mon cheval qui :

> La tête baissée
> Semblait se conformer à ma triste pensée !

M. de Cissey se retourna cinq ou six fois, me regarda un instant et ne m'adressa pas la parole.

C'était de bien mauvais augure !

Nous fûmes de retour à Rouen vers cinq heures et le Président reçut, avant le dîner, la visite des autorités civiles et militaires.

Je me tenais dans le premier salon et là

encore m'advint un accident que je con-
sidérai comme un présage funeste.

J'avais le dos tourné à la porte, en face
de l'escalier d'honneur, et, pour laisser
sortir un officier d'ordonnance, je fis un pas
en arrière.

Je marchai sur une étoffe, j'entendis un
craquement et en me retournant je heurtai
quelqu'un. C'était, hélas ! Monseigneur le
cardinal de Bonnechose, dont je venais de
déchirer la robe !

Une mésaventure pareille m'était déjà
arrivée autrefois, dans des conditions à peu
près analogues. C'était en 1854, à Biarritz,
où la Cour était venue pour la première
fois s'installer.

Le palais impérial n'était pas encore bâti
à cette époque : l'empereur et l'impératrice avaient établi leur résidence dans une
maison qui appartenait à M. le maire de
Bayonne. Le 35ᵉ de ligne faisait le service
de garde, et le général commandant la
subdivision, dont j'étais l'aide de camp,

prenait les ordres de LL. MM. J'étais naturellement admis aux bals de la Cour. Un
soir que l'on dansait le cotillon, un officier
d'ordonnance de l'impératrice me prit au
hasard parmi les spectateurs et m'intro-
duisit au centre du cercle brillant dont je
faisais partie. La figure que l'on exécutait
dans le moment consistait à mettre les
dames sur un rang, à leur amener des
danseurs que l'on plaçait dos à dos, après
quoi danseurs et danseuses se retournaient
à un signal donné et partaient aux sons de
l'orchestre. La musique jouait une polka ;
j'étais un polkeur médiocre mais suffisant :
je partis donc comme les autres.

Mais, ô malheur, voilà qu'après quelques
mesures la polka se métamorphose en
valse.

Or, je n'ai jamais pu valser de ma vie !

En cette circonstance critique, je crus
que le courage me tiendrait lieu de talent.

Je n'osais d'ailleurs pas m'arrêter.

Tout à coup — j'en frémis encore —

mon pied s'entortilla dans quelque chose !

Un craquement — toujours un craquement — se fit entendre ; les volants d'une robe restèrent sur le parquet et ma danseuse s'enfuit en maudissant le maladroit.

Cette danseuse était la duchesse d'Albe !

Quand l'empereur quitta Biarritz, personne ne m'offrit de l'accompagner comme officier d'ordonnance.

Le cardinal de Bonnechose ne me maudit pas ; il daigna même s'excuser de ne pas avoir suffisamment calculé son entrée et S. E. me consola d'un bon et paternel sourire !

J'ai expliqué que je n'étais pas du dîner ; mais, vers neuf heures, je fus admis à la soirée officielle qui le suivit.

Je pus alors parler au général de Cissey, grâce au bon vouloir d'un de ses officiers.

Je réclamai au ministre la lettre que je lui avais adressée en communication et je ne lui demandai pas autre chose.

Il me promit qu'elle me serait rendue.

Le général V... ne nous laissa que quelques minutes en tête à tête et vint, par sa présence, empêcher un entretien qu'il ne m'avait pas autorisé préalablement à solliciter. Il était strictement dans son droit : on ne parle pas au ministre de la guerre sans avoir rempli les formalités d'usage.

Tout était dit pour moi. Le Président et le ministre partirent le lendemain et quelques jours après je rentrais en possession de mon autographe, qui me fut renvoyé avec le billet suivant :

« Versailles, le 10 décembre 1871.

« Mon cher commandant,

« Voici ma lettre de Hombourg, que je
« sais que vous désirez ravoir. Je suis bien
« aise de pouvoir vous la renvoyer moi-
« même et je saisis avec plaisir cette occa-
« sion de vous renouveler l'assurance de
« mes sentiments d'affectueuse estime.

« Général DE CISSEY. »

L'officier d'ordonnance dont j'ai parlé

plus haut y avait ajouté sa carte avec ces mots :

« La Châtre n'avait qu'un billet, vous en avez deux !!! » Je compris.

Ma carrière était finie et je n'avais plus, si je ne voulais pas vieillir en sous-ordre, dans des conditions que je ne croyais en rapport ni avec mon âge, ni avec mes aptitudes, je n'avais plus, dis-je, qu'à me retirer définitivement et à laisser la place à de plus jeunes, à de plus heureux.

Un tableau d'avancement parut malgré les termes formels de la circulaire ; on y ajoutait même une liste supplémentaire de vingt noms, pour le cas où il serait épuisé avant la fin de l'année.

Je ne figurais ni sur le tableau, ni sur la liste ! Qui aurait pu m'y faire porter ? Le général Raoult était mort, le général Colson était mort : je n'avais plus personne pour faire valoir mes titres.

Quant au ministre de la guerre, il avait déclaré que, débordé par les demandes des députés, il renonçait à s'occuper de l'avancement.

Une loi venait de permettre aux officiers de demander leur retraite après vingt-cinq ans de services.

Je demandai la mienne et je l'obtins le 2 mars 1872.

Je déposai mon épée sans mauvaise humeur ; ma liberté ne me paraissait pas payée trop cher au prix de quelques déceptions.

Et comme je désire prouver que je partis en philosophe, je demande la permission de citer quelques pauvres vers que j'adres·sai, comme remerciement, à l'officier d'ordonnance qui m'avait envoyé sa carte ; ils furent, je l'ai su depuis, mis sous les yeux du ministre, et quand M. de Cissey les rendit au capitaine, il lui dit simplement :

— C'est dommage !

Les voici :

Le deux mars, je l'ai vu sur mon calendrier,
Un samedi ! de plus, jour du dernier quartier.

De la lune ! Est-ce un signe ? Et cela veut-il dire
Que tout finit pour eux ou pour moi ? Qui peut lire
Au livre du Destin ? Si chaque événement
Était pris au hasard, on nous verrait souvent
Désespérer de tout ; mais le fait n'est qu'un leurre
Et chaque conséquence en découle à son heure.
Donc j'espère, et je crois qu'avec un esprit fort
On triomphe toujours des caprices du sort !
Vous fûtes bon pour moi, je vous en remercie !
Sachez qu'il est un cœur où l'on vous apprécie....
Si Celui qui, pouvant tout pour moi, n'a fait rien
Vous parlait... dites-lui que moi je l'aimais bien !

Fermons ce livre.

Nous avions annoncé des *Souvenirs et Impressions :* nous croyons avoir justifié notre titre.

Du moment que nous renonçons à la vie active, nos *souvenirs* n'ayant plus rien que d'intime, cessent d'être dignes d'occuper le lecteur.

Quant à nos *impressions*, elles n'ont guère varié depuis l'époque, déjà un peu éloignée, où nous écrivions *Les Gens de notre âge*.

Et nous dirions volontiers, en paraphrasant le vers de Racine :

L'homme est tel aujourd'hui qu'il fut dans tous les temps.

Aujourd'hui ne ressemble cependant pas complètement à *hier*.

Il est incontestable que la France se relève.

Le phare des nations est rallumé.

Et nous espérons bien voir, avant que sonne notre dernière heure, naître et grandir les États-Unis d'Europe.

Nous espérons surtout que, dans la civilisation victoriense, le spectre hideux des guerres civiles disparaîtra pour jamais.

Il est vrai qu'en ce moment encore les uns cherchent leur chemin à gauche et que les autres le cherchent à droite.

Mais il n'y a qu'un chemin à suivre, celui de la vérité et de la justice.

Telle est notre conclusion définitive.

SAINT-QUENTIN. — IMP. J. MOUREAU ET FILS.

Collection de Volumes in-18 jésus à 3 fr. 50

DERNIERS OUVRAGES PARUS

LE 108ᵉ UHLANS. . . . .   1 volume.

L'AUTOPSIE DU DOCTEUR Z...   1 volume.

APRÈS LA DÉFAITE. . . . .   1 volume.

MITSA. . . . .   1 volume.

UN CAS DE DIVORCE. . . . . . .   1 volume.

UN MARTYRE. . . . .   1 volume.

SUR LE BOULEVARD. . . . . . .   1 volume.

LES DINERS ARTISTIQUES ET
    LITTÉRAIRES DE PARIS . . .   1 volume.

COLLECTION A 3 FRANCS LE VOLUME

LES AMOURS DU CRIME

LA BELLE MIETTE

PAR

THÉODORE HENRY

Un volume in-18 avec couverture illustrée

Par le comte LEPIC

Dans la même collection, en préparation :

L'AFFAIRE BARBE, 1 volume.

LE BAGNE DES FEMMES, 1 volume.

LES MARIAGES DE CAYENNE, 1 volume.

COLLECTION A 3 FR. 50 LE VOLUME

ÉMILE BERGERAT

—

BÉBÉ & CIE

Un fort volume grand in-18 jésus

HENRI LEVERDIER

—

L'ENFER A DEUX

DÉDIÉ A

M. ALFRED NAQUET

—

Un fort volume grand in-18 jésus.

EN PRÉPARATION

POUR PARAITRE TRÈS PROCHAINEMENT

CELLES QUI NOUS MÈNENT

PAR

ANGE BÉNIGNE

Un volume in-18 jésus. Prix : 3 fr. 50

BOUCHE VERTE

PAR

J. SIMON-BOUBÉE

Un volume in-18 jésus. Prix : 3 fr. 50

www.ingramcontent.com/pod-product-compliance
Lightning Source LLC
LaVergne TN
LVHW020101060726

842526LV00004B/972